中国证券市场的信息披露法律规制

◈ 武晨 著

中国海洋大学出版社

·青岛·

图书在版编目（ＣＩＰ）数据

中国证券市场的信息披露法律规制 ／ 武晨著． —— 青岛 ：中国海洋大学出版社，2023.1
ISBN 978-7-5670-3069-5

Ⅰ．①中… Ⅱ．①武… Ⅲ．①证券法－研究－中国 Ⅳ．①D922.287.4

中国版本图书馆 CIP 数据核字(2021)第 268327 号

ZHONGGUO ZHENGQUAN SHICHANG DE XINXI PILU FALÜ GUIZHI
中国证券市场的信息披露法律规制

出版发行	中国海洋大学出版社
社　　址	青岛市香港东路23号
邮政编码	266071
出 版 人	刘文菁
网　　址	http://pub.ouc.edu.cn
电子信箱	1922305382@qq.com
订购电话	0532-82032573 （传真）
责任编辑	曾科文　　周佳蕊　　　　　　　　　　**电　话**　0898-3156361
印　　制	北京建宏印刷有限公司
版　　次	2023年1月第1版
印　　次	2023年1月第1次印刷
成品尺寸	145 mm × 210 mm
印　　张	8.25
字　　数	200千
印　　数	1—1500
定　　价	78.00元

如发现印装质量问题，请致电 13391562765 调换。

目录

导 论 ⋯⋯⋯⋯⋯⋯⋯⋯⋯⋯⋯⋯⋯⋯⋯⋯⋯⋯ 01

第一章　上市公司信息披露制度的法律构架⋯⋯⋯⋯⋯ 19

第一节　上市公司信息披露制度的建构理念⋯⋯⋯⋯⋯ 19

第二节　上市公司信息披露制度的披露原则⋯⋯⋯⋯⋯ 23

第三节　上市公司信息披露法律关系⋯⋯⋯⋯⋯⋯ 31

第四节　上市公司信息披露制度的特征⋯⋯⋯⋯⋯⋯ 41

第二章　强制性信息披露的法律规制⋯⋯⋯⋯⋯⋯⋯⋯ 47

第一节　强制性信息披露规制的基本问题⋯⋯⋯⋯⋯ 47

第二节　首发信息披露的法律规制：以招股说明书为例 ⋯ 51

第三节　定期披露的法律规制：以年度报告为例 ⋯⋯⋯ 73

第四节　临时披露的法律规制⋯⋯⋯⋯⋯⋯⋯⋯⋯⋯ 99

第三章　自愿性信息披露的法律规制⋯⋯⋯⋯⋯⋯⋯ 130

第一节　自愿性信息披露规制的基本问题⋯⋯⋯⋯⋯ 130

第二节　自愿性信息披露内容的法律规制：以行业信息披露

　　　　为例⋯⋯⋯⋯⋯⋯⋯⋯⋯⋯⋯⋯⋯⋯⋯⋯ 139

第三节　自愿性信息披露的法律规制：以盈利预测为例 ⋯ 157

第四节　行业信息披露的法律规制⋯⋯⋯⋯⋯⋯⋯⋯ 170

第四章　上市公司信息披露监管权配置与民事责任制度构建　188

第一节　信息披露监管权合理配置·················· 188

第二节　信息披露民事责任制度：责任条款重构·········· 208

第三节　信息披露民事责任制度新发展：调解制度········ 219

第四节　信息披露民事责任制度新发展：先行赔付制度··· 234

参考文献·· **249**

后　记·· **258**

导　论

　　纵观全球资本市场几个世纪以来的发展，不难发现，证券市场乃至资本市场正日益成为大国核心竞争力的重要体现。众所周知，美国的经济实力很大程度上依托于其全球领先的资本市场。当下，中国证券市场正在经历着深刻的变革，在这样一个市场亟待规范、透明、开放的转型阶段，充分发挥证券市场有效配置资源的功能，对于服务实体经济转型升级与防范金融系统性风险，具有十分重要的意义。

　　本质上讲，证券市场是一种信息市场。证券产品的特殊性，容易带来信息不对称等一系列问题。只有有效的、充分的信息披露，才能帮助投资者作出理性决策，同时提升市场运行机制的稳定性。由此可见，信息披露的质量将直接影响市场的运行效率和运行效果，也是证券市场长期健康发展的核心。

　　另外，提升信息披露质量，关键需提升信息披露的有效性。这就要求相关市场主体必须考虑投资者决策需求，并提供相应的增量信息。本书以此为主线，从基础理论、框架设计与具体法律建设等层面逐一展开，力求具备一定的理论深度，同时又能体现出相应的针对性。同时，本书采用实证研究方法，通过归纳总结，希冀为今后相关监管机制的进一步完善，提出具有针对性的建议。

同时也必须指出，在写作过程中，笔者也遇到了一些问题，特在书中相应章节提出。例如，相关主体的信息披露，是否应以促进社会效益为终极目标；有关信息披露需遵循的重大性标准，是否适用于强制披露与自愿披露；行业披露如何更好地融合不同政府部门的披露要求。在此，笔者希望，有关读者尤其是业内人士，能够给出更有说服力的解答。在《中华人民共和国证券法》(2014，以下简称《证券法》)修订之际和注册制即将落地之时，笔者希望拙著能为进一步完善相关制度提供有益的借鉴与启示。

一、选题背景及研究意义

历经三十多年的发展，我国证券市场信息披露体制不断走向完善。目前已初步建立了包括法律、行政法规、部门规章和自律性规则等在内的多层次、多维度的信息披露法律法规体系。然而，随着证券市场的高速发展，投资者类型的进一步丰富，不同投资者间信息需求的差异性日趋明显[1]。此外，行业与治理结构的多元化，客观上也为基于传统制造业的信息披露制度带来了新的挑战。

当下的信息披露规则更侧重信息披露的真实性与完整性，其涉及的合法、合规问题较多。这显然是趋向于监管导向的。而对公司核心优势、未来发展等投资决策型信息要求不够。我们必须认识到，信息的最大价值在于满足投资者的需求。因此，今后应逐步转向以投资者需求为导向来建立信息披露体系。其核心诉求在于提升信息披露的有效性，从而实现对于投资者合法权益的保障。尤其是在信息披露监管向事中、事后转移的背景下，以投资

---

[1] 孙莉、黄方亮：《异质投资者对 IPO 信息披露需求差异调查分析》，《山东财经大学学报》2018 年 7 月。

者为导向对于提高上市公司信息披露整体质量、厘清监管边界具有重要意义，也是落实《国务院关于进一步促进资本市场健康发展的若干意见》、保护中小投资者权益的具体要求。

有鉴于此，本书以投资者信息需求为导向，结合首发披露与持续披露制度中存在的问题，希冀借鉴先进国家或地区的信息披露规定以提出相应建议。这样保证了所提出的建议是建立在问题意识之上的，从而对于无论是现有信息披露理论的认识深化，还是有针对性地解决实际问题，都能发挥一定意义上的指导作用。

二、文献综述

（一）国内文献综述

国内有关证券市场信息披露的专著与论文非常丰富，但大多从会计、金融、投资等学科出发，从法学角度研究上市公司信息披露的相对较少，且主要集中在信息披露基本理论、制度设计的价值取向、强制披露与自愿披露相关问题、具体披露制度的修订完善等方面。

在信息披露基本理论方面，高西庆阐述了美国司法界有关强制性信息披露制度的不同观点，建议我国应更多关注强制性信息披露制度及其相关问题[1]；张忠军则认为中国信息披露制度的设计必须兼顾效率与公平，实现二者的和谐统一[2]；王从容、李宁从法学的角度出发，认为信息披露的法理依据主要是受托责任、反

---

[1] 高西庆：《强制性信息披露制度的理论根据》，《证券市场周刊》1996 年第 10 期。

[2] 张忠军：《证券市场信息披露制度基本问题探讨》，《中国人民大学学报》1996 年第 1 期。

欺诈理论和公平理论[1];邢会强认为针对信息不对称问题,经济法打破了传统民商法的平等主体假设,灵活多样地运用各类信息工具和非信息工具规制信息不对称,丰富了强制性信息披露的分析视角[2];郭建军认为上市公司信息披露制度的价值取向在于以投资者需求为导向,兼顾上市公司利益[3]。

在按照性质划分的信息披露两大类型中,强制性信息披露的研究较为丰富,而自愿性信息披露的相关研究则处于起步阶段。杨树明、杨联明认为信息强制披露有助于股东有效行使股权,迫使管理者履行信托义务,提高管理者的管理意识以及对公司管理的间接影响[4];范婷婷、赵旭对强制性信息披露规则的限度进行了探讨[5];王惠芳重新界定了强制披露及自愿披露的范围和含义,为提高信息披露的有效性提供了全新思路[6];吴秀尧建议应依据行为法经济学视角下的"通过法律消除偏差"策略,渐进式地完善强制性信息披露制度[7];李冀、杨忠孝则认为政府干预过多导致强

[1]王从容、李宁:《法学视角下的证券市场信息披露制度若干问题的分析》,《金融研究》2009年第3期。

[2]邢会强:《信息不对称的法律规制:民商法与经济法的视角》,《法制与社会发展》2013年第2期。

[3]郭建军:《注册制下上市公司信息披露制度的价值取向与实现》,《河北法学》2015年第9期。

[4]杨树明、杨联明:《信息强制披露对公司管理的促进作用》,《法学杂志》2002年第4期。

[5]范婷婷、赵旭:《强制性信息披露规则产生动因的法经济学分析:论强制性信息披露的限度》,《河南司法警官职业学院学报》2006年第3期。

[6]王惠芳:《信息强制披露与自愿披露的重新界定与监管》,《宏观经济研究》2010年第12期。

[7]吴秀尧:《上市公司强制信息披露及监管措施:基于行为法经济学视角》,《财经理论与实践》2014年第3期。

制性信息披露的目标未能有效实现，需重新界定政府对强制性信息披露进行干预的边界[1]。

随着信息披露制度研究的深入，对于具体制度的探讨也逐渐增多，特别是近年来监管制度改革和产品创新速度的加快，相应的信息披露问题也引起了广泛关注。曲冬梅探讨了环境信息披露制度的理论基础，建议我国在法律框架内确立环境信息披露制度[2]；汪翠荣、马传刚在分析上市公司实际控制人主体的多元性、内容的层级性和结果的终极性特点的基础上，针对存在的主要问题提出了若干建议[3]；张子学对合格机构投资者的大额持股披露制度提出了建议[4]；王欣新、丁燕则认为应构建与完善破产法中的信息披露制度[5]；梁清华认为应建立私募区分信息披露制度[6]；李有星、冯泽良针对披露义务主体范围过小、信息披露数量过多、法律责任设置不够等问题，提出重大资产重组中的定期公告改为分阶段公告、引入"简明性规则"，重点提示投资风险，追加有关决策机构为信息义务人等建议[7]；张春丽认为我国信贷资产证券化信息披露规则既要完善基础资产、流动性安排和资产支持证

［1］李冀、杨忠孝：《政府干预在证券市场强制信息披露中的边界》，《南方金融》2017年第2期。

［2］曲冬梅：《环境信息披露中的矛盾与选择》，《法学杂志》2005年第6期。

［3］汪翠荣、马传刚：《上市公司实际控制人信息披露问题研究》，《证券市场导报》2006年第8期。

［4］张子学：《完善我国大额持股披露制度的若干问题》，载张育军、徐明主编《证券法苑（第五卷）》，法律出版社，2011。

［5］王欣新、丁燕：《论破产法上信息披露制度的构建与完善》，《政治与法律》2012年第2期。

［6］梁清华：《论我国私募信息披露制度的完善》，《中国法学》2014年第5期。

［7］李有星、冯泽良：《论重大资产重组信息披露制度的完善》，《浙江大学学报（人文社会科学版）》2015年第3期。

券的信息披露规则，也要针对发起人和证券化主体的信用扩张，建立以风险预警为核心的信息披露规则[1]；邱永红对特殊机构投资者和证券创新产品持股变动的信息披露和交易限制问题进行研究和探讨，并提出解决这些问题的建议[2]；李光禄、段鹿杰建议我国应当从强化原则、细化规则、优化体系和硬化奖惩等方面，构建我国的压裂液信息公开制度[3]；傅穹、杨硕针对股权众筹信息披露制度的特殊性，提出了弱化高标准信息披露保护投资者的事先路径，选择强化中介机构责任及制定合理投资额上限等监管建议[4]；黄韬、乐清月认为，在证券市场环境信息披露制度建设中，证券法与环境法的协调适用存在不小的难度[5]；李贺通过总结境内外非公开发行股权交易市场信息规则，对交易市场信息披露规则的制定提出了具体建议[6]。

在信息披露的法律责任方面，国内文献主要集中在探讨民事赔偿责任的归责原则、因果关系、责任主体的范围、损害赔偿的数额计算等问题，也有特殊主体或特定产品的披露责任的探讨。巫文勇认为因会计信息披露不实导致投资者损失，会计师事务所承担责任的归责原则和抗辩事由，可得到民事权利救济的主体范

[1]张春丽：《信贷资产证券化信息披露的法律进路》，《法学》2015年第2期。

[2]邱永红：《特殊机构投资者和证券创新产品：持股变动的信息披露和交易限制问题研究》，《证券市场导报》2015年第1期。

[3]李光禄、段鹿杰：《实然与应然：页岩气开发压裂液信息披露的法律策略》，《法学论坛》2016年第4期。

[4]傅穹、杨硕：《股权众筹信息披露制度悖论下的投资者保护路径构建》，《社会科学研究》2016年第2期。

[5]黄韬、乐清月：《我国上市公司环境信息披露规则研究：企业社会责任法律化的视角》，《法律科学》2017年第2期。

[6]李贺：《非公开发行股权交易市场信息披露规则探讨》，《证券市场导报》2017年第2期。

围和除外条款[1]；唐炳洪、虞嵘对现行证券法及相关司法解释中有关因果关系的认定提出了完善意见[2]；王培新探讨了会计师事务所对第三人侵权责任因果关系的认定问题[3]；甘培忠、周淳认为证监会对董事行政责任中主体的认定、归责原则的确立等方面，丰富了我国信息披露制度[4]；石一峰提出，在信赖责任框架下，违反信息披露义务责任中的交易因果关系属于信赖关系判断[5]；南玉梅认为公司债券的证券属性中，卖者责任体现为信息披露义务，具体包括信息披露制度中要求的信息披露义务与投资劝诱阶段的说明义务[6]。

以上研究成果部分地实践了以投资者需求为导向这一理念。特别是 2014 年的新"国九条"提出上市公司应以投资者需求为导向履行信息披露义务后，这方面涌现出一批质量较高的研究成果。

1. 关于投资者导向信息披露的标准

谢清喜认为，及时性、完整性、真实性等三个方面明显地影响信息披露的有效性；杜心鹏提出，信息披露应具备完整、真实、及时等三个特征；刘建勇、朱学义发现，我国上市公司信息披露

[1] 巫文勇：《证券发行中会计信息披露不实的民事责任》，《江西财经大学学报》2005 年第 2 期。

[2] 唐炳洪、虞嵘：《信息披露不实民事责任的因果关系刍议》，《浙江工商大学学报》2005 年第 3 期。

[3] 王培新：《信息披露中会计师事务所侵权责任因果关系的判定》，《财务与会计》2008 年第 17 期。

[4] 甘培忠、周淳：《上市公司定期报告信息披露违法董事责任认定研究》，《北方法学》2012 年第 3 期。

[5] 石一峰：《违反信息披露义务责任中的交易因果关系认定》，《政治与法律》2015 年第 9 期。

[6] 南玉梅：《债券交易人卖者责任探析：以信息披露义务与诚信义务为核心》，《中国政法大学学报》2017 年第 1 期。

及时性与可靠性之间存在此消彼长的负相关关系，面临及时性与可靠性的两难选择[1]；王延川提出，以"实质重要性"作为证券市场信息披露的标准，才能实现公平和成本的平衡[2]；胡静波针对披露制度提出了有效性的评价标准；朱谦认为由于突发环境事件中的信息具有难以获取性、有限性、不确定性和时效性特质，这就决定了上市公司信息披露内容的真实具有相对性[3]；赵立新、黄燕铭等明确提出上市公司信息有效性的内涵特征，包括重大性、相关性、变化性及关联性等四个信息披露质量特征[4]；赵威、孟翔则对信息披露标准从纵向（重大性）和横向进行了各法域的比较分析，其中，对重大性标准以美国为例进行了较为深入的研究；颜苏研究发现，可比性原则重视金融产品在金融市场中的相对位置，以强化金融产品的比较为主要目的，有助于金融产品信息披露的规范化[5]。

2. 关于投资者导向信息披露内容的具体项目

吴联生认为，上市公司应该加强人力资源信息、财务预测信息、分部信息和主要指标等信息的披露[6]；周勤业、卢宗辉、金

［1］刘建勇、朱学义：《信息披露及时性与可靠性关系实证研究》，《中南财经政法大学学报》2008 年第 6 期。

［2］王延川：《信息披露：公平保护与成本考量：论"实质重要性"标准的认定》，《行政与法》2010 年第 10 期。

［3］朱谦：《上市公司突发环境事件信息披露的真实性探讨：以紫金矿业环境污染事件为例》，《法学评论》2012 年第 6 期。

［4］赵立新、黄燕铭等：《构建以投资者需求为导向的上市公司信息披露体系》，中国金融出版社，2013。

［5］颜苏：《论我国金融产品信息披露规则的完善》，《中国社会科学院研究生院学报》2015 年第 4 期。

［6］吴联生：《投资者对上市公司会计信息需求的调查分析》，《经济研究》2000 年第 4 期。

瑛分析发现，定期报告项目中的主要财务指标（中报）、会计数据和业务数据摘要（年报）、股本变动和（主要）股东（持股）情况以及财务报告是投资者普遍重视的[1]；张琪、张保华、李玲、陈任武认为，盈利预测信息是对投资者作出合理经济决策十分有用的信息[2][3][4]；谢志华、崔学刚发现，公司的盈利水平、经营规模、股权分布等特点都会对公司自愿性信息披露质量产生重要影响[5]；赵立新、黄燕铭等提出投资者需要的财务信息与非财务信息、通用信息与行业信息、历史信息与前瞻性信息等三类信息的有效平衡[6]；上海证券交易所委托普华永道会计师事务所出具的调研报告显示，每股收益、净利润、市盈率和每股净资产是最受关注的四类财务信息，临时公告、分红情况和送配股情况是最受关注的三类非财务信息，年度报告更关注年报摘要[7]。值得一提的是，由于我国规定了股票发行实施注册制，2014 年以来理论界和监管部门都开始关注招股说明书的披露内容和披露方式改革，大多通过实证分析和比较借鉴的方法进行研究，且卓有成效。

［1］周勤业、卢宗辉等：《上市公司信息披露与投资者信息获取的成本效益问卷调查分析》，《会计研究》2003 年第 5 期。

［2］张琪：《试论盈利预测信息披露的管制》，《政法论坛》2003 年第 4 期。

［3］张保华：《上市公司预测性信息披露制度研究》，《法律适用》2003 年第 4 期。

［4］李玲、陈任武：《上市公司盈利预测信息披露：动因、质量与监管》，《山西财经大学学报》2004 年第 1 期。

［5］谢志华、崔学刚：《信息披露水平：市场推动与政府监管——于中国上市公司数据的研究》，《审计研究》2005 年第 4 期。

［6］赵立新、黄燕铭等：《构建以投资者需求为导向的上市公司信息披露体系》，中国金融出版社，2013。

［7］普华永道会计师事务所：《中小投资者需要什么样的信息披露》，上海证券交易所 2014 年委托项目。

3. 关于提高投资者导向信息披露有效性的改进方向

刘宁、白旸提出会计信息披露内容中亦应重视非财务信息和"软信息",披露格式中应当采用"小格式准则、大内容准则"的模式,适当删除琐碎事项,降低信息噪声,突出对重点事项的披露,增强信息披露的逻辑性[1];武俊桥提出有必要确立证券信息披露的简明性规则,即使用清晰、简单、易懂的语言,慎重使用专业金融词汇[2];胡静波从财务信息、公司治理信息、重大事件、管理层讨论与分析等方面对上市公司信息披露有效性进行评价分析,指出问题并提出建议;徐聪认为应当构建上市公司差异化信息披露制度[3];陈甦、陈洁全面分析了以投资者需求为导向的信息披露制度的建构理念与运行逻辑,并在此基础上提出了立法建议[4];傅穹、廖原建议通过优化信息披露价值相关性内容、提供投资者权利清单、整合信息披露数据等方式,完善信息披露引导投资者决策的理论逻辑,获得股票发行注册制改革所预期的制度优势[5];窦鹏娟提出以投资者为中心构建证券信息披露制度,可以利用核心披露义务人进行汇总式信息披露,对所需披露的信息予以分层和归类,采取差异化的信息披露方式,使投资者深度参与

[1] 刘宁、白旸:《投资者导向与会计信息披露》,《财会月刊》2008 年第 7 期。

[2] 武俊桥:《论证券信息披露简明性规则:以网络时代为背景》,《证券市场导报》2011 年 11 月号。

[3] 徐聪:《试论我国上市公司差异化信息披露制度之构建》,载张育军、徐明主编《证券法苑(第四卷)》,法律出版社,2011。

[4] 陈甦、陈洁等:《我国资本市场信息披露规则评估报告》,上海证券交易所 2014 年委托项目。

[5] 傅穹、廖原:《证券发行注册制中信息披露对投资者的法律适应性分析》,《江西财经大学学报》2016 年第 6 期。

信息披露制度[1]；缪因知认为,证监会制定的信息披露规则在指导思想上未能准确定位信息披露的丰富性和有效性之间的关系,追求过多地披露,既给上市公司带来较重负担,也在效果上有所不足[2]。因此,信息重大性的主客观标准应加以统一,对子公司关联公司应加强披露,但对市场异动应降低披露要求。披露执法规章应严守法律授权范围,避免不当限制一般主体的信息发布权和公司内部治理。

（二）国外文献综述

笔者通过相关学术资源平台检索到的以"信息有效性""以投资者需求为导向的信息披露"等为关键词的文献不多。从类型来看，这些文献主要分三类，包括相关著作及学术文章、美国证券交易委员会（以下简称美国证监会）专题研究报告以及市场主体的调研成果；从分析信息披露有效性涉及的问题来看，主要包括以投资者需求为导向的信息披露起因研究、信息披露有效性的理论基础研究、信息冗余根源及其相应立法研究等。

1. 以投资者需求为导向的信息披露起因研究

从 20 世纪 60 年代开始，美国对其《证券法》与《证券交易法》下属信息披露制度进行了全面反思，其中一个重要方面就是提出建立以投资者信息需求为导向的信息披露制度。美国证监会认为，建立以投资者信息需求为导向的信息披露制度基于以下几个原因：一是《证券法》与《证券交易法》相割裂的信息披露制度导致信息冗余；二是投资者人数急剧增加，导致直接或间接基

[1] 窦鹏娟：《证券信息披露的投资者中心原则及其构想：以证券衍生交易为例》，《金融经济学研究》2015 年第 6 期。
[2] 缪因知：《论证监会信息披露规则的不足》，《法治研究》2016 年第 2 期。

于披露信息作出投资决策的数量大量增加；三是投资界知识、技能的提高要求公司提供更加谨慎、最新的信息披露；四是技术的进步使信息能更快、更便利地传递给利用该信息的投资者[1]。荷马·克里普克（Homer Kripke）提出，证券法没有实现服务投资者需要的目的，建议开展投资者如何投资及所需信息的行为研究。小约翰·C.科菲（John C. Coffee, Jr.）认为，在有效市场中应建立以投资者信息需求为导向的信息披露制度，并且从信息披露作为一种有效的投资多元化方式、风险评估以及投资组合调整角度进行了论证。保拉·J.达利（Paula J. Dalley）提出，信息披露制度没有考虑个人与公司对信息处理方式的差异，是对信息披露作为监管手段的误用。路易斯·A.阿吉拉尔（Luis A. Aguilar）提出资本形成的真正含义是提供投资者需要的信息，并列举了市场发展的诸多新变化。

2. 信息披露有效性的理论基础研究

弗兰克·H.伊斯特布鲁克（Frank H. Easterbrook）和丹尼尔·R.费希尔（Daniel R. Fisshel）研究了强制披露问题，其中极具参考意义的是在"强制披露要求的模式"中提出了"标准化、例行披露""强调历史事实""禁止信息的书面披露或口头变更""重大遗漏标准的使用""成本效益证据"等[2]。保罗·M.希利（Paul M. Healy）和克里希纳·G.帕勒普（Krishna G. Palepu）对自愿性信息披露问题进行深入探讨。乔尔·塞里格曼（Joel Seligman）提供了美国证监会应否行使会计准则制定权、投资者结构变化等问题

---

[1] 参见美国证监会：《面向投资者的披露：重新评估 33 年法与 34 年法项下联邦监管实践》（1967），又称怀特报告。

[2] 弗兰克·H.伊斯特布鲁克、丹尼尔·R.费希尔：《公司法的经济结构》，罗培新、张建伟译，北京大学出版社，2014。

的历史资料，对于分析信息披露有效性具有参考意义[1]。

3. 信息冗余根源及其相应立法研究

密尔顿·H.科恩（Milton H. Cohen）首次对综合披露系统问题进行论述，提出1933年《证券法》以交易为导向的法律框架及其信息披露制度，与1934年《证券交易法》以主体特征为导向的法律框架及其持续信息披露制度之间经常产生信息的重叠和重复。因此，应当综合评估两法项下的披露政策及程序，以确认哪些信息在传递过程和交易市场中对股东和投资者都具有重大性。迈克尔·T.兰伯特（Michael T. Lambert）从投资分析财务模型的角度提出以重大性为判断标准披露信息；有效性披露需要相关性；由重置成本代替资产历史成本计量；应披露与现金流有关的项目，比如贷款可得性、新合同收入、现金流减少、财务报表的异常风险和不确定性事项。

特洛伊·A.帕雷德（Troy A. Paredes）提出了信息冗余会导致投资者决策水平降低。辛西娅·A.格拉斯曼（Cynthia A. Glassman）认为，目前财务报告和信息披露规定过于复杂，建议财务报告反映经济和商业实质，减少会计的复杂性，鼓励更准确、更完整的财务披露，最终帮助投资者作出投资决定。约翰·W.怀特（John W. White）提出尽管美国投资者以机构投资者为主，但普通投资者仍然非常重要，信息披露必须简洁清晰、容易理解。

爱丽诺·布洛斯罕（Eleanor Bloxham）认为，今天公司的价值越来越为知识产权的价值决定，投资者需要更多信息来评估如何创造出这些价值，希望听到管理层和董事会关于公司战略和风

---

[1] 乔尔·塞里格曼：《华尔街的变迁：证券交易委员会及现代融资制度的演进》，徐雅萍等译，中国财政经济出版社，2009。

险的评价。毕马威会计师事务所和财务总监研究基金会（KPMG Lip and Financial Executives Research Foundation，Inc）的研究报告提出的建议包括：一是应当披露公司特定的风险，而不应当仅是重复美国证监会 S-K 条例 503（c）关于风险因素的规定。由于大量常规风险披露的存在，投资者通常会略过这些因素，同时在很大程度上也会忽略掉真正的风险因素。二是财务会计准则委员会（FASB）和美国证监会在制定新规则时应当进行成本效益分析。信息披露中的宏观视野、严格的成本效益分析以及信息披露的实践检验应当被充分考虑。基思·F.希金（Keith F. Higgins）认为，信息有效性的首要因素，是投资者认为何种信息最为有用。此外，还应当关注投资者是如何使用财务报表作出投资决定的；公司获得这些财务报表的成本有多大；是否要求"明线规则"或更具有普遍性的重大原则。这些复杂的问题都需要去考虑，因为会影响投资者需要的合理满足与公司准备这些信息的成本之间的微妙平衡，也影响他们以最及时、最经济的方式参与资本市场。美国证监会的怀特报告（Wheat report，1967）认为，要提升招股说明书的有用性，必须制定差异化的信息披露要求，同时凸显可读性。文字太冗长、太学术，都会影响普通投资者的理解，从而最终影响它的有效性。详细的发行风险和投机因素必须在介绍性说明中予以陈述，除非应公平披露的需要，否则信息不须重复披露。研究建议，需要以概览的形式完成，1—2 页即可。三是披露应更具信息含量，如收入与利润的部分披露；资金来源与使用说明；预测分红，公司偿债本息以及为满足资本支出而采取内部融资或通过债权、股权等方式募集资金；管理层的履历。

　　意大利学者罕尼·格鲁宁（Hennie Greuning）指出，财务信息的质量特征是可理解性、相关性、可靠性以及可比性。重要性未单独作为一项特征，而是作为一种信息披露的前提予以明确，即规定"本财务报告准则仅适用于重要信息。如果遗漏或错误陈述项目，会导致财务报表使用者改变决定，那么该项目就是重要的"[1]。另外，及时性、效益与成本是作为质量特征的制约因素予以考虑的。

信息披露作为监管手段，本质是面向投资者的。由于各国证券市场发展成熟程度、投资者结构、监管理念等方面的不同，体现出来的程度或有差异。但就总体而言，目前，各国或地区的信息披露实践和理念都已经或正在贯彻投资者导向的披露精神，上述国内外的研究成果为本书研究提供了深厚的理论支撑和制度实践经验。从构建中国证券市场信息披露制度的理论研究而言，上述成果可能存在以下不足：一是投资者导向信息披露法理基础的论证有待深入。有关信息披露的基础理论多是从会计学、信息经济学等角度进行论证，从法学角度的委托代理理论出发，且聚焦于信息披露视角的研究数量不多，有待进一步系统化和深入。二是缺少一个投资者导向信息披露的总体分析框架。目前的研究，或阐述基础理论，或探讨具体制度，缺少中观层次的框架分析为整体披露制度设计提供指导。三是在投资者导向中，强制披露和自愿披露制度的披露定位及基本披露模式和内容有待进一步明确界定。四是信息披露法律责任研究集中于民事赔偿责任要件及其立法完善，但基于我国证券市场实践发展而来且已经取得较好效果的先行赔付制度及其他非诉解决途径并未予以充分探讨。

---

[1] 罕尼·格鲁宁：《国际财务报告准则：实用指南》，北京国家会计学院组织译，中国财政经济出版社，2007。

三、研究思路及研究方法

（一）研究思路

信息披露属传统研究领域，涉及法学、会计学和金融学等多个学科，即使从法学视角来看，研究的范围也相当广泛，包括信息立法、信息披露、信息违法的责任救济等方面。本书主要研究信息披露内容如何界定、如何列示，因为这是信息披露的核心，可为前端立法提供目标导向，更是决定了上市公司向投资者提供何种信息，还影响了监管执法机制的有效运行。

笔者从投资者在信息披露法律关系中的主体身份变迁角度予以探讨，认为其主体身份经历了由"债权人"到"股东"再到"投资者"的演变过程，作为权利主体享有的法律保护程度逐渐提高，相应经历了合同法框架下反欺诈原则的规制、公司法项下有限的董事信义义务的类推适用及证券法视野下享有全面披露信息的法定权利。在此立论的基础上，第一章从披露理念、披露原则、信息披露法律关系构成要素及其相应的制度需求等基本问题方面进行了探讨，目的是构建一个信息披露制度设计的宏观分析框架，因为缺少一个清晰的法律框架可能是我国现行信息披露制度所有问题的根源。第二章、第三章则分别从强制性信息披露和自愿性信息披露的法律切入，提出建议。这两章都通过比较分析不同披露文件在不同流通阶段的不同披露特征，试图准确界定每一类披露文件的定位。在此前提下，针对首发信息披露、持续信息披露阶段的不同文件类型和自愿性信息披露的典型类型进行了分别研究，论证的总体结论为：应以重大性为标准，从管理层作出经营决策所需信息的视角，采取简明易懂的语言予以披露。第四章从证监会和证券交易所信息披露监管权及民事责任配置的角度，着重考察了上述监管机构关于 IPO（首发上市）和持续披露之间的监管分权；同时，立足于投资者权益的更好保护，对于民事责任权利主体、义务主体扩张等问题进行探讨，并根据我国证券市场的特点，重点研究了先行赔付等我国特有的民事救济制度。

（二）研究方法

本书主要采用比较分析法、法律解释学分析法，借鉴美国、英国、日本、德国、新加坡、我国台湾和香港等国家和地区的信息披露有效性方面的规定、司法案例及理论，结合我国的具体国情，全面研究了投资者导向信息披露的法律规制问题。特别是，本书在研究首发披露和持续披露阶段的披露载体时大量运用了实证研究方法，分析了招股说明书内容、年度报告历次修订、调解制度和先行赔付案例等，以期增强论证的说服力和提出切实可行的监管建议。

四、主要创新之处与不足之处

（一）主要创新之处

本书主要创新之处如下：首先，从信息披露必须以投资者为导向的视角切入。本书从投资者在信息披露法律关系中主体身份变迁的角度论证，认为其经历了由"债权人"向"股东"再到"投资者"的演变过程，作为权利主体享有的法律保护程度逐渐提高，先受合同法框架下反欺诈原则规制，后由公司法项下有限的董事信义义务类推适用的保护，最终转变为证券法视野下的"投资者"。基于信义义务和法经济学视角下的效率理论，公司负有向投资者全面披露有效信息的法定义务。因此，解决信息不对称问题的信息披露制度必然是以投资者为导向。

其次，拓展了信息披露重大性标准的论证深度。通过考察重大性标准的发展演变，本书认为重大性标准内涵逐渐丰富，表现为：判断由以"公司"为基准转向以"投资者"为标准；由"经济"重大性向"定性"重大性发展；由重大性标准的统一适用到区分不同情形的分类适用，披露内容更具有针对性，如尝试分析了强制性信息披露和自愿性信息披露中重大性标准侧重点的不同、保密性重大合同中重大性标准的个案认定。

最后，尝试对先行赔付制度进行更为全面的研究。目前，关于先行赔付制度的研究在我国刚刚起步。笔者对该制度发挥作用的制约机制了解得较透彻，在此基础上尝试研讨了有关问题。

（二）主要不足之处

本书的主要不足之处如下：一是信息披露内容的确定既是规范性问题，也是实证性问题。笔者囿于专业限制，对会计学、信息经济学、行为金融学等学科的理解不深入，相关成果借鉴吸收得不是很多；同时，虽全面梳理、概括了国内外有关实证研究的调研成果，但笔者自己没有实施调查研究，对投资者实际信息需求的形成过程和动因理解不全面。二是信息披露理论或许具有普适性，但证券市场实践却具有天然的特殊性。本书对中国证券市场信息披露实践中的问题，特别是中国中小投资者行为特征、投资习惯等研究不深。三是对于自愿性信息披露的运作机理、激励机制等方面未深入研究，导致本书对其与强制性信息披露的异同认识不深，相应的规制理念和路径也有待进一步厘清。

第一章　上市公司信息披露制度的法律构架

　　缺少法律构架上的顶层设计，是制约我国信息披露制度进一步完善的根源。必须看到，以保护投资者利益为导向的信息披露制度，必须在宏观层面上建立一个明晰的法律框架，对披露理念、披露原则、信息披露法律关系构成要素及其相应的制度需求等基本问题进行准确界定。这样不仅可为制定具体的信息披露规则提供指引，有利于形成一个内部协调统一的制度整体，也可作为评价信息披露制度是否有效的判断标准，为之后信息披露制度的调整完善提供统一尺度，还能够促进投资者、公司和监管者之间对信息披露的共同理解并减少分歧和争议，从而为投资者导向的信息披露制度的制定和实施创造良好的协同配合环境。

第一节　上市公司信息披露制度的建构理念

　　理念是一种指导思想，监管理念是监管者开展监管工作的目的、要求和行动指南[1]。具体到信息披露的理念,则是要解决信息披露制度"为什么人"的问题,即信息披露制度应当满足谁的需求,这直接决定了信息披露法律规制的价值取向,是信息披露监管需要解决的首要问题。投资者导向信息披露制度的理念就是要面向投资者而不是监管者作出披露,着力满足投资者的决策信息需求,并以此作为信息披露制度重构的指导思想。

一、信息披露法律规制观念应由监管者导向向投资者导向转变

当下,我国已经建立了一套形式上较完备的信息披露制度体系,但是现行信息披露制度是证监会主导之下强制性制度变迁的结果,显然属监管者需求导向。一是信息披露管理多于信息披露监管[2]。涉及首次公开发行、上市公司收购、资产重组、定期报告等在内的信息披露规则,多立足于信息披露的实质审核,体现了鲜明的管理证券市场秩序的特征。二是信息披露的规制重点是规范市场主体行为。信息披露规则立足于信息披露义务人是否已经履行信息披露义务、披露信息是否真实,关注的重点是信息供给方是否向证券市场提供信息,以解决所谓的信息不对称问题,而对于投资者是否理解披露信息并借此进行投资决策关注较少。三是信息披露内容集中于"合规""规范"类的信息。出于管理证券市场和监管执法的需要,披露内容大多集中于"合规""规范"性质的信息,而投资者关心的公司价值等投资决策型信息体现不

---

[1]陈岱松:《关于证券监管理念的法理分析》,《兰州学刊》2009年第5期。

[2]郑彧:《我国证券市场信息披露制度的法律分析:以法律规范文义解释为基础的研究》,载黄红元、徐明主编《证券法苑(第十三卷)》,法律出版社,2014。

足。四是信息披露监管重点过于单一。无论是日常监管还是稽查执法，无论是行政监管还是自律监管，监管重点集中于披露义务主体是否"真实"地进行信息披露，对于有效信息披露的其他要求则有意或无意地予以忽视。

以监管需求为导向的信息披露制度是一个国家证券市场起步阶段的必经之路。因这一时期市场化程度不高，需要以监管部门为主导构建信息披露制度。问题在于监管部门是在对信息披露外部性产生的无效率缺乏敏感度的情况下决定信息的数量及性质，因此往往不自觉地站在监管者本位制定信息披露制度，将其作为监管证券市场的工具和监管机构的执法依据，主要目的是实现证券市场的整体公正和整体秩序。随着市场化程度的提高[1]，这种行政主导下的信息披露制度的缺陷越来越明显，不仅影响市场的资源配置，长远看来也不利于资本市场的健康发展，具体表现为：（1）监管者决定信息披露内容。监管者制定的信息披露规则越多越细，意味着其代替投资者决定的信息披露内容覆盖面就越广泛，越难以满足投资者的信息需求，造成了形式上完备的制度表达和实际披露效果的严重背离。（2）不利于公司主动进行信息披露。公司履行信息披露义务的动力在于通过监管部门的注册或核准，以获得证券发行或再融资的相关批文，而不是满足投资者的信息需求，因此公司仅仅愿意按照证券监管部门要求的最低标准进行披露，导致了我们在先进的"主动性披露"的立法理念下存在大量的"被动性信息披露"的事实。这在招股说明书、重组报告书等风险因素的披露上体现得最为明显。（3）不利于培养成

---

[1]中国社会科学院法学研究所课题组：《我国资本市场信息披露规则评估报告》，上海证券交易所委托项目。

熟理性的投资者群体。在以监管者为导向的信息披露制度下，政府对披露信息进行信用背书，容易造成投资者的依赖心理；同时，由于未提供投资者决策需要的充分信息，投资者亦无法基于公开信息作出知情决策，投资者独立分析判断的能力普遍不高，呈现典型的"羊群效应"。

二、我国建构投资者导向信息披露制度的客观条件已经成熟

以监管者为导向的信息披露制度是中国证券市场特定时期的制度选择，从历史角度来看有一定的合理性。我国随着各项基础性工作的全面推进，客观上具备了构建以投资者为导向信息披露制度的现实基础。从宏观来看，我国证券市场已经达到弱势有效或者说弱势有效的特征已经逐渐显现[1]，只有提供投资者需要的决策信息，才能通过证券交易将信息迅速反映进股票价格之中，并借此发挥证券市场的应有功能。换言之，我国已经具备了建立投资者导向信息披露制度的市场条件。在此基础上，随着简政放权、强化事中及事后监管转型的深入推进，就必然要求建立以投资者导向信息披露制度为中心的监管模式，形成市场参与主体之间的内在博弈机制，提高证券市场的运行效率。

从微观来看，无论是对现行信息披露制度缺陷予以改进、完善的现实诉求，还是基于新市场环境产生的内在需求，都共同推动着我国信息披露制度向以投资者为导向的方面转变，具体表现在：（1）无论是个人投资者还是机构投资者的数量都大幅增长，

[1] 朱孔来、李静静：《中国股票市场有效性的复合评价》，《数理统计与管理》2013 年第 32 卷第 1 期。

投资分析能力也迅速提高，投资者的信息需求广泛而且强烈，成为建立以投资者为导向信息披露制度的重要推动力。（2）上市公司所属行业千差万别，公司治理结构差异显著，所处发展阶段亦有不同。新业态、新模式层出不穷，投资决策有用性的信息关键点差异很大，导致投资者需要的决策信息也变得更加多元化，传统的立足于规范公司行为的信息披露制度无法满足投资者的这种需求。（3）随着商业经营越来越复杂，规则导向的会计准则使公司很容易实现交易，但投资者很难理解其交易活动的经济实质，这就需要减少信息披露的复杂性，作出易于投资者理解的简明信息披露。（4）现行信息披露制度是建立在"特定事实逐项披露"基础上的，当增加新的披露规定时，很少删除已经过时或可替代的披露要求，最终导致了信息冗余，不利于投资者作出最优投资决策。（5）包括互联网在内的技术更新，促成了多元化的交流方式，能够使信息更快捷、更方便地传递给投资者，这为建立以投资者为导向的信息披露制度提供了技术条件。

第二节 上市公司信息披露制度的披露原则

明确信息披露制度的基本原则既是监管理念的法律要求，又能为监管制度的设计提供指导。以投资者为导向的信息披露制度的披露原则为真实、准确、完整、及时和公平，与以监管者为导向的信息披露制度的披露原则无异，但是相应披露原则的内涵有所差别。下面简述以投资者为导向理念在披露原则上的具体体现。

一、信息披露制度的基本原则

（一）真实性

投资者投资决策的正确性以其获得相关信息的真实性为前提条件，不误导及不遗漏重大信息也是为了保证信息的真实性[1]，因此真实性是信息披露的根本原则，这几乎成为信息披露制度的前提性假设。监管者导向信息披露制度的真实性更强调信息的可核实、可验证，判断标准更侧重于是否"如实反映"了相关信息[2]。为证明披露信息的真实性，披露文件会详细描述核实、验证信息的具体过程，而对于应当披露事项的结论则有意或无意地未予强调。这种着眼于过程的真实性表明，无论是监管部门还是中介机构，首先考虑的是如何避免承担信息披露责任，而不是向投资者提供有用的信息。以投资者为导向的信息披露制度更强调信息披露的本质是"信息公示"，因此披露信息本身就意味着具有公信力，对于中介机构的核实、验证过程在其工作底稿中予以具体反映即可。这种真实性可以理解为：其一，是一种相对的真实性而不是指披露信息与客观事实完全相符。披露义务人的信息大多经由相关中介机构予以核实、验证。由于成本收益原则的制约，中介机构通常会依据所处行业的执业准则履行相应的核验程序，除非有特别重大的潜在风险事项，否则一般不会扩大核验的范围和深度。因此，这种在"合理保证责任"基础上披露出来的信息就

[1] 朱锦清：《证券法学》，北京大学出版社，2007，第 80 页。
[2] 葛家澍、刘峰：《论企业财务报告的性质及其信息的基本特征》，《会计研究》2011 年第 12 期。

具有了相对性而不是绝对性的特征[1]。其二,以投资者为导向的披露信息包含预测性信息,此类信息的真实性强调的是其前提假设的真实性,而不是预测事项最终能够实现。预测性信息具有较强的主观性质,因此各国证券法律规制的是作出披露时的市场条件、行业竞争程度等假设条件是否如实表述,而不是该预测事项最终是否实现[2]。其三,对于招股说明书、定期报告等集合性信息强调的是整体真实性而不是简单指每一个事项的真实性。在披露集合性信息的情形下,哪怕披露的某项信息有错误,但在并不因此而影响整体信息对投资者作出决策判断的有效性的情形下,就不应当否定整体信息的真实性。例如,由于财务报告是基于大量的估计、判断,而非基于精确之描述,因此真实性之于财务报告而言并不意味着所有方面都正确,而是指在"所有重大方面公允反映了企业的财务状况和经营成果"。

（二）准确性

准确性是指公司披露信息时必须确切表明其含义,其内容与表述方式不得使人误解[3],强调的是信息发布者与信息接收者之间以及各个信息接收者之间对于同一信息在理解上的一致性。在有效市场假设下,公司披露的信息只有被投资者正确理解并用于投资决策,才能形成公允的证券价格。因此,基于投资者易于正确理解的准确性成为披露原则之一。客观上来说,无论是以监管者为导向抑或以投资者为导向的信息披露制度,由于语言本身所

[1] 刘燕:《验资报告的"虚假"与"真实":法律界与会计界的对立:评最高人民法院函〔1996〕56号》,《法学研究》1998年第4期。

[2] 廖凡:《鼓励与强制之间:美国证券法对前瞻性信息披露的规定》,《金融法苑》2003年第3期。

[3] 吕明瑜:《论上市公司信息公开的基本原则》,《中国法学》1998年第1期。

固有的不精确性，为信息披露义务人制造理解歧义留下空间[1]，加之投资者理解上的多义性和适用效果上的非显现性，准确性都很容易成为公司规避信息披露义务的方式。以监管者为导向的信息披露文件更多的是作为一种法律文件，公司首先考虑的是如何免除潜在的法律风险，因此披露的准确性就体现为过多地使用行业术语或法律术语，从而使披露语言复杂难懂。以投资者为导向的准确性则试图在投资者的理解能力与信息复杂性、语言歧义性等之间取得一种平衡。其一，披露文件的语言力求减少使用专业术语或行业术语。美国证监会推行了《简明英语规则》，对发行人及相关人士如何编制明晰的披露文件包括披露文件的用语提出要求，以使那些具有企业和经济活动的合理知识，而又愿意用合理精力去研究的人士可以准确理解信息披露的内容。其二，强调信息的中立性，信息的描述不偏颇、不强调、不贬抑或不以其他方式操纵而增加披露信息被使用者乐于或不乐于收到之可能性。例如，某企业的产品切合社会需求，销路很好，但是生产技术未完全成熟，导致次品很多，大量的产品责任诉讼使公司处于困境。如果公司在证券发行文件中只详细介绍前者，而对后者语焉不详或轻描淡写，那么如此披露就有违中立性，极易形成误导性陈述[2]。其三，不将未经核验的重大不确定信息作为确定信息披露。披露不确定信息时需要重点提示不能实现的风险。其四，不能玩文字游戏、进行信息技术组合等。

（三）完整性

完整性是指凡实质上可能影响投资者判断证券投资价值的有

[1] 高西庆：《强制性信息披露制度的理论根据》，《证券市场周刊》1996 年第 10 期。

[2] 朱锦清：《证券法的基本原理》，《北京市政法管理干部学院学报》2002 年第 3 期。

关信息，应当全部记载于法定文件中并予以公开。判断披露信息是否完整需要从信息影响投资判断行为的角度，确定重大性信息的合理边界。以监管者为导向的信息披露制度对披露内容都有相对明确的规定，披露的完整性主要体现为满足监管机构的审查要求，对于监管机构明确要求的披露事项进行全面充分地披露，如不仅要披露对公司的利好信息，还要披露对公司的不利信息和潜在或现实的风险因素等[1]。以投资者为导向的信息披露制度的完整性更强调不论披露准则有无规定，凡对投资者作出投资决策有重大影响的信息均应予以披露。可以理解为：其一，鼓励公司在自愿披露原则下增加认为对投资者有用的信息。以投资者为导向的信息披露制度的完整性要求披露的信息没有统一的范围、界限，鼓励公司自愿披露信息以体现公司的独特价值。其二，完整性并不要求在所有披露文件中都披露相同项目或作出同等深度的披露。应当根据不同披露文件的性质和定位，结合特定投资者的信息需求，有针对性地提供有关信息。比如，面向合格投资者的定向增发披露文件包含内容较少，面向所有投资者的公开发行披露文件包含内容较多，这种内容上的不同是差异化信息披露制度的应有之义，并不违反完整性原则。其三，完整性并非要求证券发行人将其知悉的所有信息全部予以披露，公司仍然具有一定的披露保留权和隐私空间。

（四）及时性

信息的时间价值是信息价值的核心，披露过时的信息或者不及时的披露行为，有悖于信息内在的时效性质。及时披露可以使市场行情根据最新信息及时作出调整，投资者也可以根据最新信

---

[1] 齐斌：《证券市场信息披露法律监管》，法律出版社，2000，第113页。

息及行情变化作出理性选择，这是解决生产经营连续性与信息披露间断性之间固有矛盾的必然要求。以监管者为导向的信息披露制度的及时性主要是指在法律法规要求的披露时限内作出披露，如定期报告和临时公告都需要在规定的时限内予以披露。以投资者为导向的信息披露制度的及时性更强调：其一，基于更新义务而产生披露义务时需要参照临时公告的要求予以披露。即一旦公司已经披露的预测性信息由于客观因素的改变而与实际状况不再相符时，披露义务人就必须及时发布相关信息予以修正。需要注意的是，公司对其先前披露的信息并不负有概括的更正和更新义务，并非所有先前正确而后来错误的信息都需要纠正[1]。其二，推动临时报告由及时披露向实时披露发展。对于澄清与说明、重大合同签订等事项的披露，若按现行规则的要求在 2 个交易日内作出披露，显然不能满足投资者的信息需求，易产生内幕交易行为，应当增加信息披露的时段，充分利用披露的电子化系统，促成信息披露的实时性和有效性。其三，对于定期报告而言，即使是在规定的时间内披露，也要关注及时性与企业价值的正负相关性、及时性差异与信息披露的不同组合动机[2]，做好年度报告和一季报的有效衔接及年报不同盈余状况下的披露时间安排，以利于投资者充分利用定期报告信息作出决策[3]。

（五）公平性

公平性是指当上市公司及其相关信息披露义务人发布未公开

---

[1]廖凡：《鼓励与强制之间：美国证券法对前瞻性信息披露的规定》，《金融法苑》2003 年第 3 期。

[2]范嫣然：《上市公司信息披露及时性与企业价值的相关性研究》，《会计之友》2013 年第 3 期。

[3]唐跃军、邵燕敏：《信息披露组合动机与及时性差异》，《证券市场导报》2008 年 3 月号。

重大信息时，必须向所有投资者公开披露[1]，使其可同时获悉同样的信息，这是平等获取信息和信息平等观念的逻辑延伸。公平性意味着：其一，应当抵弃选择性。重大的未公开信息应当向市场上的所有投资者披露，而不是仅仅向证券分析师、机构投资者或其他人披露。信息披露实践中选择性披露时有发生，如很多公司对于技术研发问题不在管理层讨论中公开，却会向调研的机构投资者说明。此时，如果公司故意地进行选择披露，就必须同时公开披露；如果公司非故意地进行选择披露，就必须立即公开披露[2]。其二，差异化信息披露制度并不违反公平性原则。基于投资者导向理念设计的差异化信息披露制度，能够使所有投资者获得某一特定的上市公司的相同披露信息，即在内容、方式和时间等方面都能平等、公平地获得这些信息。本质上，它是对公平披露的较好补充，是一种实质上的公平披露[3]。

二、信息披露制度基本原则之间的冲突与平衡

信息披露制度的基本原则适用于公司披露的全部信息，单一信息若发挥出对投资者决策的最大有效性，则也应当基本符合上述信息披露原则，但是上述每一个信息披露原则都体现了特有的功能价值，相对独立地阐述了对披露信息某个方面的具体要求，同时适用于某一项特定披露信息时就不可避免地产生了矛盾和冲

[1]陈秧秧：《选择性披露的管制与内幕交易法的演变：基于美国公平披露条例的研究》，载张育军、徐明主编《证券法苑（第三卷）》，法律出版社，2010。

[2]施天涛、李旭：《从"选择披露"到"公平披露"：对美国证券监管新规则的评介与思考》，《环球法律评论》2001年冬季号。

[3]徐聪：《试论我国上市公司差异化信息披露制度之构建》，载张育军、徐明主编《证券法苑（第四卷）》，法律出版社，2011。

突。这表现在：（1）真实性与完整性之间的冲突。如果披露集中于历史性信息会更为真实，然而包括前瞻性信息在内的完整性信息或许是投资者更为需要的，此时两者之间会存在某种程度的紧张关系。（2）及时性与真实性之间的冲突。例如，在突发环境事件中，由于获取信息的权威途径少、事实发展变化快、存在较大不确定性等，同时受到信息验证成本的制约，因此发布信息的真实性是相对的[1]，此时大概的可靠会比延迟的精确更加可取[2]。（3）准确性和完整性之间的冲突。某些信息本质复杂且无法使投资者易于了解。将有关信息排除在外可能使信息易于了解，提高了准确性，但会导致信息的不完整，并有可能引起误导。美国证监会试图通过制定《简明英语规则》指导公司使用通俗易懂的英语来披露复杂事项，但是通俗英语主要针对过分法律化的写作问题，不足以诠释具有复杂性的交易问题[3]，两者之间的冲突仍然难以避免。

要解决信息披露原则之间的矛盾和冲突，就应当在满足投资者信息需求的前提下，在适用信息披露原则时有所取舍，有所侧重。为此，一是要树立披露原则相对化的观念。坚持真实性的相对化，确定合理边界，既督促公司在其能力范围内尽力实现公开信息与客观事实的一致性，激励有关中介机构在其职责范围内有效验证公开信息的真实性；同时又要避免将真实性标准绝对化，

［1］朱谦：《上市公司突发环境事件信息披露的真实性探讨：以紫金矿业环境污染事件为例》，《法学评论》2012年第6期。

［2］刘建勇、朱学义：《信息披露及时性与可靠性关系实证研究》，《中南财经政法大学学报》2008年第6期。

［3］斯蒂文·施瓦兹：《对复杂交易中信息披露模式的重新思考》，高凌云译，《南京大学法律评论》2007年第1期。

对信息公开行为提出过高而不切实际的行为要求，以致扭曲当事人之间的平衡关系。二是要根据信息性质将最能发挥其效用的原则作为主导原则，其他原则作为补充原则。例如，在并购重组等信息披露的情况下，对于投资者而言最重要的是及时准确的披露，而不是确定性披露，此时就应当以准确性原则为主，指导信息何时披露以及披露什么，这样更能满足投资者的决策信息需求。

第三节　上市公司信息披露法律关系

从信息披露法律关系角度来分析，构建以投资者为导向的信息披露制度需要准确界定披露主体、披露内容和披露责任等法律关系构成要素。这种相对宏观层次的界定可能不会对具体制度的设计产生直接影响，但对于解决设计信息披露规则时的分歧、促进对信息披露的共同理解等方面却具有间接影响，能够在信息披露理念、原则和具体信息披露制度之间起到承上启下的作用。

一、信息披露的权利主体

在信息披露法律关系中，权利主体是投资者，但由于投资者的专业素养、理解水平不尽相同，在公司通用目的的信息披露不能同时满足投资者信息需求的情况下，信息披露到底面向哪一类投资者就成为一个难题。信息披露理论为了解决这一问题，同时也是为了提供一个判断信息是否应当披露或者是否属于重大遗漏的主体标准，逐渐形成了"理性投资者"这一主体。早期面向理性投资者的信息披露主要关注公司如何提供信息，很少关注投资者如何使用信息，导致信息披露不能充分满足投资者的信息需求。随着行为金融学的兴起和发展，投资者搜集、处理信息并借此作出投资决定的有限理性得到全面揭示，理性投资者标准随之修正。其建立在对投资者投资行为深入研究的基础之上，更加关注投资者对证券市场监管的实际反应和思考。

然而，不同投资者之间毕竟具有差异。在形式上统一为理性投资者的基础上，还应当考虑不同国家或地区的投资者类型差异，分析不同投资者的投资习惯，才能因人而异地设计信息披露制度。我国上市公司的信息披露若要达到有效状态，就必须正视我国证券市场以中小投资者为主的客观事实，这也是信息披露制度设计必须重视中小投资者的原因所在。首先，中小投资者是信息披露的主要受众。根据2020年的数据，中国股票投资者数量超过1.6亿，其中自然人占比超过99%，这之中持股市值在50万元以下的中小投资者占比超过75%。因此，不能呼应中小投资者信息需求的信息披露制度，其市场实践效果也不会理想。其次，中小投资者的交易量逐渐增大，对于通过反复交易形成股票价格起到非常重要的作用。只有重视他们的信息需求，满足其知情决策的需要，才能有助于防止非理性交易的"羊群效应"。最后，中小投资者是弱势群体，需要更多的支持和帮助。上市公司是信息的制造者、发布者和优先获得者；机构投资者具有信息、资金优势，专业人才配置充足，法律意识和风险意识也相对较强。相比较而言，中小投资者大多不愿意或者没有能力加工信息，而且风险承受能力较弱，需要得到更多的法律保护。

今后，中国证券市场信息披露法律规制应凸显中小投资者权利主体地位。具体可从以下方面着手：一是重视中小投资者的信息需求。研究表明，中小投资者考虑短期业绩因素较多，最关心企业盈利指标，但缺少对于每种指标背后经济意义的深刻理解。机构投资者则更关注未来的成长性，信息需求全面、细化，特别需要业绩驱动因素等信息。可见，机构投资者的信息需求能够完全覆盖中小投资者的信息需求，但这并不意味着作为权利主体的投资者是指机构投资者，恰恰相反，更应当强化中小投资者的权利主体地位，在信息披露内容或列示格式等方面做到特别安排，以满足他们的信息需求。二是强化对中小投资者的权益保护。要突出他们的权利主体地位，就需要做好充分的风险揭示，防止其因投机行为遭受损失；针对风险过度的领域或交易，通过投资者适当性制度将不符合条件的中小投资者排除在外；与以机构投资者为主的市场相比，以中小投资者为主的市场普遍存在"搭便车"和集体行动困难等现象，因此可能更需要构建集团诉讼制度等。

二、信息披露的义务主体

信息披露义务主体是指以自己的名义，对有关自身的经营、财务或交易的重大信息加以披露的当事人[1]。对于哪些主体在何种条件下承担信息披露义务，论者见解并不相同，有的认为应将政府、证券交易所涵盖进来，而有的则仅局限于证券发行人和收购方。投资者作出投资决策需要各种各样的信息，既包括宏观经济形势，又包括行业发展趋势，还包括公司基本面、技术面信息等，将提供上述信息的主体都规定为披露义务主体显然并不合适。确定哪些主体应当成为信息披露义务主体需要寻找理论上的依据。根据前文分析，信息披露制度之所以必须是以投资者为导向的，原因在于公司负有信义义务和股票价格公允形成的证券市场效率诉

---

[1] 盛学军：《证券公开规制研究》，法律出版社，2004，第 151 页。

求。在此理论背景下，可以认为那些对投资者负有信义义务的主体和能够有效促进股票价格形成的主体应当成为披露义务主体。当然，在此种分析视角下，确定信息披露义务主体还需考虑以下因素：一是所确定的主体本身就掌握了对投资者决策有用的信息，而且这些信息大多属于"偶然获取"而非"有意获取"，由其提供该信息的成本最低。二是所确定的主体应当是披露公司有关基本面的信息而不是其他方面的信息。例如，证券交易所披露公司股票成交价格等技术层面的信息，虽然这是公司的具体信息，但此时交易所披露所有交易股票的技术面信息是为了确保整个证券市场的透明度，而不是为提供特定公司的投资信息，因此证券交易所就不能视为披露义务主体。三是披露义务主体应当与违反披露义务的法律责任主体具有统一性。再以证券交易所为例，其在有些情况下可以代替上市公司强制披露信息[1]，但此时它履行的是自律监管职能而不是信息披露义务，这也是它不能作为披露义务主体的原因所在。四是信息披露义务主体不同于信息披露执行主体。例如，公司"董监高"虽然也对投资者负有信义义务，但是他们不能以自己"董监高"的身份进行独立披露，关于他们的应披露信息被视为关于公司的信息，从而由公司予以披露。五是披露义务主体不同于信息中介机构。例如，投资咨询机构也发布有关公司的具体信息，但这是其在公司公告信息基础上进行的"信息加工"而不是"信息披露"，是为了实现自身商业利益而向投资者提供增值性的信息服务。

根据上述因素，信息披露义务主体确定为：

（1）上市公司。证券由公司发行，鉴于证券本身的特殊性，

---

[1] 盛学军：《证券公开规制研究》，法律出版社，2004，第111页。

由公司提供完整充分的信息供投资者判断证券价值是必然要求。因此，公司是最主要的信息披露义务主体，披露义务贯穿于证券发行、流通等市场交易和运行活动的始终。

（2）公司控股股东、实际控制人。他们与投资者之间具有现实或潜在的利益冲突且又是具有信息优势的主体，实际上享有公司信息的垄断权力，掌握了大量的未公开信息，其相关行为是经过所有公开或未公开信息审慎衡量之后作出的，将其明确为披露义务主体，向其施加披露义务，有利于投资者判断公司价值，也有利于提高公司整体的信息披露质量。例如，如果明确规定控股股东或实际控制人的披露义务主体地位，那么当公司股价异常波动是由其引起时，其就会通过公司作出及时、准确、完整的披露，而目前通常的做法是公司向控股股东了解相关情况后作出公告。此时控股股东的信息披露法律责任不明确，导致很多情况下其未向公司作出如实陈述，从而产生澄而不清的情况。实际上，虽然他们的披露义务主体地位未在证券法的形式渊源上全面明确地予以确立，但有关他们的法律条款却可视为向其施加了信息披露义务，而且在低层级的法律渊源上已有明确规定。

（3）大额股份持有人和收购方。鉴于证券供给与需求量的交易变化越来越成为影响证券价格变动的重要因素，披露信息开始包含有关交易行为的信息，大额股份持有人和收购方逐渐被确立为信息披露义务主体。例如，美国1968年通过的《威廉姆斯法案》、日本1990年修改的证交法，都确立了大额股份持有人的披露义务主体地位[1]。唯需关注的是大额股份持有人，如阳光私募基金、

---

[1] 庄玉友：《日本金融商品交易法信息披露制度研究》，人民出版社，2010，第143页。

委托理财、QFII（合格境外机构投资者），披露义务主体的确定需要分不同情况予以界定[1]。进入破产重整的上市公司在生产经营方面具有自身的特殊性，有管理人、债权人的介入，此时信息披露就不同于正常运作的上市公司。但我国破产法和证券法均未对上市公司在重整程序中的特殊信息披露作出具体而明确的规定，目前仅是在上市规则中予以规定，按"谁管理、谁披露"的原则，在采取管理人管理模式时确定了管理人是信息披露义务人，因为此时管理人在实质控制企业之后，处于掌握企业信息的核心地位和关键位置。

三、信息披露的内容范围

以投资者为导向的信息披露制度以满足投资者决策信息需求为中心，但这并不意味着投资者的所有信息需求都应当得到满足，而是应当在以投资者为导向的框架内，建立信息披露的宏观视野，从总体的披露环境去考虑，处理好投资者与上市公司之间的关系，进而将投资者信息需求界定在一个合理的范围内。在信息披露法律关系中，投资者是信息需求方，上市公司是信息供给方，双方利益诉求和立场观点不同，导致他们在信息披露数量的多与少、不同性质信息披露的取与舍等方面存在冲突。

确定以投资者为导向的信息披露制度的内容范围需要考虑以下因素：一是信息披露成本的承担问题。投资者由于不承担额外信息带来的成本，所以总是要求尽可能详尽地披露与证券价格相关的重大信息。在此情况下，投资者虽然也会付出信息解读和选

---

[1]张子学：《完善我国大额持股披露制度的若干问题》，载张育军、徐明主编《证券法苑（第五卷）》，法律出版社，2011。

择的机会成本，但他们可以有多种化解的方式，这种成本相对隐性且分摊到每位投资者身上时较少。信息披露文件由公司准备，如果完全满足投资者需求，那么公司直接和间接的披露成本会相当高，可能超过由此带来的潜在收益。因此，享有公司微观信息垄断权力的管理层出于经济理性，必然会谨慎衡量是否以及在多大程度上满足投资者的信息需求。二是信息披露法律责任的承担问题。在信息披露法律关系中，投资者几乎只享有权利而不承担义务，公司在享受募集资金便利的同时承担了大量的信息披露义务。在投资者信息需求扩张的背景下，公司承担法律责任的风险越来越大，这也成为影响信息披露意愿的重要因素，特别是有关不确定性信息需要披露时，公司管理层出于法律责任承担的顾虑认为应当坚持谨慎披露原则。因此，以投资者为导向的信息披露内容一方面应当满足投资者的信息需求，以便其进行证券投资的决策；另一方面也应当考虑减少公司的合规成本及责任风险，尽量减少披露信息时公司的抵触情绪。

在平衡上述利益冲突的基础上，监管部门必须明确信息披露义务人披露法定文件的具体内容，但其又无法在所制定的规则中列举需要披露信息的所有可能情况，因此美国证监会在披露规则中引入了重大性概念作为判断信息是否需要披露的标准。重大性标准之下披露的信息使投资者不但能够回答是否应当投资该证券的问题，而且还能够回答以什么价格投资该证券的问题。由于重大性既是一个法律问题又是一个事实问题，需要进行综合分析，在任何一个案例中既要考虑相关性和可靠性信息的选择程度，又要考虑规范性要求，如披露达到的目的和披露达到的收益，因此长期以来争论不断。目前普遍接受的重大性标准由美国最高法院的判例确立，即"理性投资者很有可能认为重要的信息"这一标准。

这个标准从投资者信息需求角度进行分析，着眼于对投资者决策过程的影响，并且将投资者抽象为理性投资者，从而具有了判断上的客观性。

在投资者导向的重大性标准之下，从宏观角度分析的信息披露内容可以界定为：有关特定公司的且是投资者进行基本面分析时所需要的信息。这种界定提供了一个投资者决策的逻辑性、客观性的分析框架，构成了强制性信息披露制度建立的基础。理解此种内容范围，需要明确以下几点：

（1）披露的信息必须是有关公司的信息。公司不能为不在其知识范围之内的信息负责，强制公司披露已经存在的公共领域的信息没有意义且成本高昂。考虑到投资性质这一论断，不否认其他信息如公司行业、公司竞争地位、对于公司有特殊或独特影响的宏观经济因素的重要性。同时，鉴于公司披露应当集中于全面体现公司价值和潜在风险的信息，而不是仅仅聚焦于资产负债、利润数额等数量指标，有关信息披露应当进一步实现由会计导向到经营导向的转变，切实满足投资者投资决策的全面信息需求。

（2）有关公司的信息内容以投资者基本面分析所需信息为主。不同的投资者进行证券投资时会使用不同的分析模型、投资策略，需要的公司信息也不尽相同，但信息披露制度提供的信息应以基本面分析所需信息为限。一般而言，投资者基本面分析需要的信息包括公司是如何创造收益的、公司创造了什么收益以及何时创造的、投资者的资金用来做什么、投资者的风险是什么、公司由谁来运营管理以及投资者如何退出投资等。

披露的信息不能立足于监管公司行为，这不是信息披露的目标。公司行为主要是公司法律规制的事项，证券法律应当防止将信息披露当成一种工具去纠正各种各样的已经被觉察到的公司失当行为或直接禁止存在争议的公司微观行为。

从微观角度分析，信息披露内容则呈现一种扩张趋势：一是随着重大性判断视角由"公司"向"投资者"的发展，披露内容由历史信息向兼顾前瞻性信息转变。以美国为例，20世纪70年代之前，基于公司角度的反欺诈保护型信息排除了部分重要信息；之后随着服务投资者决策功能的强化，披露信息中包括了投资者基于未来投资所需要的估计和预测。二是随着由"经济"重大性向"定性"重大性的发展，披露内容由财务信息向兼顾非财务信息转变。早期公司提供信息的方向是"对一个公司财务状况而言具有经济上重要性的信息"，证券法的立法历史也支持了这一点。随着信息披露实践的发展，部分披露信息偏离了"经济"重大性成为"定性"重大性信息，表现为有问题的和非法的公司行为信息、管理层的正直与否和胜任能力的信息、利益冲突信息、股东投票时所需的部分信息以及其他法律强制要求披露的偏离"经济"重大性的信息等。三是随着重大性标准由统一适用到区分不同情形的分类适用，披露内容更具有针对性。重大性标准由毫无差别的统一适用发展到不同的情形下有不同的重大性门槛，这与TSC工业公司案确立的标准并不矛盾。分类适用表现为注重对敏感事实的具体分析、对行业特征的详尽表述及会计界在重大性的数量标准之中也会考虑定性因素等。

通过以上分析可以看出，在投资者导向的重大性标准之下，信息披露内容的聚焦点随着披露政策、披露环境以及投资者现实诉求的变化而变化，呈现日益扩张的趋势，充分满足了投资者的决策信息需求。但这种扩张趋势也增加了信息披露义务的不确定性，有必要予以适当限制，以平衡投资者与公司之间的利益关系。例如，美国证监会曾对就业歧视、环境问题及其他社会问题不要求披露[1]。目前,就界定披露内容的制度层面而言,披露内容的范围体现为以下三个方面:第一,立法(包括行政法规、规章)直接明确要求需要披露的事项。已经明确要求披露的事项一般而言默认为重大性信息,如《日本金融商品交易法》规定上市公司必须披露上市公司及其子公司、非上市的母公司的重大决策相关信息、与突发状况相关的信息、与决算相关的信息等[2]。第二,监管机关基于一定范围内的弥补立法空缺的规范制定权而要求披露的内容,根据具体环境认为有必要进一步披露的信息也被视为符合重大性标准。第三,司法机关基于个案反欺诈规则认定的披露信息。尽管强制披露的信息实际上不都是重大的,但基于反欺诈规则要求披露的信息必须是重大的。

四、信息披露的法律责任

有效的信息披露是证券市场正常运转的关键,对违反信息披露义务的主体施加全面的法律责任则是实现有效信息披露的切实保障。因此,从信息披露在证券市场运转中发挥的作用分析,为了更好地体现法律责任所具有的惩罚、威慑和预防功能,信息披露法律责任应做到:(1)合理配置民事、行政和刑事法律责任。与规制内幕交易行为主要通过行政责任和刑事责任追究为主、民事责任追究为辅不同,信息披露义务的违反直接影响投资者作出正确的投资决策,扰乱证券市场秩序,不仅侵害了整体的公共利益,还侵害了投资者的个人合法权益,因此在规制信息披露法律责任的配置上应当重视民事责任补偿功能的发挥。根据民事、行

---

[1]庄玉友:《日本金融商品交易法信息披露制度研究》,人民出版社,2010。
[2]盛学军:《证券公开规制研究》,法律出版社,2004,第173-174页。

政、刑事责任的价值取向、权利保护等方面的不同，合理划定规制边界，使三种责任制度具有内部协调性，发挥出最大的制度功效[1]。（2）补充三种责任的法律漏洞。例如，在证券立法上应当明确"帮助教唆者"的行政法律责任，增强对配合虚假信息披露主体的威慑力。（3）修正三种责任衔接不合理的规定。例如，承担刑事责任罚金的数额低于行政罚款的法律条文，混淆了行政责任和刑事责任的界限，造成了法律责任体系的失序，应当通过修法彻底解决两者的不匹配问题。

以投资者为导向的法律责任在有效发挥遏制信息披露违法行为，营造公平公正市场环境的同时，还应当具备鼓励公司披露更多投资者所需信息，当虚假信息披露发生时方便投资者求偿的制度安排和特征。鉴于我国虚假陈述民事赔偿诉讼效果不佳等原因，证券纠纷调解制度和已有实践经验的先行赔付制度是两种值得进一步健全完善的民事责任制度，将在第四章中详细论述。

第四节　上市公司信息披露制度的特征

披露内容与披露方式只有通过信息披露制度予以固化才能指导信息披露实践。投资者导向的信息披露制度应当在统筹考虑主体各方的披露职责、成本收益比较和法律责任承担等各种因素的基础上，形成一个兼容不同利益主体诉求和信息需求内容的规则体系，以达到投资者利益保护和促进资本形成之双重目的。这是

---

[1]张子学：《信息披露违法案中行政处罚帮助教唆者的尝试与提示》，载黄红元、徐明主编《证券法苑（第十五卷）》，法律出版社，2015。

当今证券市场成熟国家普遍采用的一种信息披露设计思路，美国证监会 50 余年来在信息披露制度设计上经历的关注财务数据与信息披露的关系、建立信息供给与需求协调机制、上市公司和投资者有效沟通以实现双方共赢等三个阶段即可证明[1]。我国具体信息披露制度的设计亦应以此为参照，结合信息披露市场实践中存在的现实问题，着力构建投资者导向的有效信息披露制度。

一、信息披露制度的差异化

一是基于不同证券性质设计不同的信息披露制度。公司基于自身信用度而发行的证券可以分为股权证券和债权证券，两者呈现不同的性质。股权证券即股票，具有高度的流动性，价格变动频繁，应当赋予公司高度的信息披露义务，向投资者提供更频繁、更详细且信赖度更高的投资信息。这在企业的经营环境变化激烈之时尤为必要，如美国在金融危机之后对于临时公告的披露范围进一步扩大，并将披露要求由"及时"进一步修正为"实时"披露。在披露内容上，股票具有权益属性，因此其信息披露应关注影响公司未来盈利能力和发展状况的各种因素，包括公司控制权、投资项目和债务负担等。公司债券具有债权属性，因此其信息披露应关注公司未来一定期限，尤其是截至债券偿付期的偿债能力，重点的披露内容就是危及债券持有人及时获得本金和利息的相关风险和事项[2]。二是基于不同种类投资者设计不同的信息披露制度。20 世纪 70 年代以来，国内外不同历史时期不同研究主体进

[1] 黄立新：《构建基于投资者需求的信息披露制度探讨》，《证券市场导报》2014 年第 7 期。

[2] 洪艳蓉：《证券法债券规则的批判与重构》，《中国政法大学学报》2015 年第 3 期。

行的投资者需求实证研究表明，投资者类型不同，信息需求也不
尽相同。因此，应当根据投资者的专业能力、理解水平、信息需
求等差异，提供不同程度的信息披露保护，提供更具针对性和有
效性的信息，以解决在同等信息披露水平下信息冗余和信息不足
同时存在的现象。对于一般投资者应提供最为充分的保护规范，
对于专业投资者则鉴于其专业性、不必要成本的减轻等原因，给
予较低程度的保护规范。例如，在非公开发行中，发行人给予专
业投资者更多的默示陈述，受普通法反欺诈规制，主要适用自己
责任，信息披露义务程度应当相应降低。三是基于不同行业设计
不同的信息披露制度。上市公司行业千差万别，不同行业的投资
决策有用性信息的关键点差异很大。因此，按照行业特点分别设
计不同的信息披露细则，既充分展示不同行业之间巨大的差异性，
又最大限度地为投资者提供与投资判断有关的信息，提高信息披
露的信息含量。

二、强制披露和自愿披露的互补性

投资者投资决策需要各种各样的信息，既需要财务信息，又
需要对财务信息起补充及增量作用的非财务信息，还需要在通用
信息基础上突出价值关键点的行业特色信息，更需要前瞻性信息。
上述信息性质不同，需要的信息披露强制程度亦应不同，只有准
确定位才能发挥出应有的规制效果。目前，我国现行信息披露制
度未能从实质上界定清楚硬信息和软信息的边界，导致过多地运
用强制披露的方式去规制软信息。对于此类信息，公司管理层有
太大的自由裁量空间从而极易被规避[1]，披露效果并不理想，披露

---

[1] 王惠芳：《信息强制披露与自愿披露的重新界定与监管》，《宏观经济研究》
2010 年第 12 期。

实践中的模板化、信息含量低等问题由此产生。与此同时，自愿性信息披露的制度及监管又未能及时跟进，致使证券市场中不同性质的信息数量严重失衡，远远不能满足投资者的决策信息需求。

因此，在以投资者为导向的信息披露制度中，对硬信息应当施以强制性信息披露规制，侧重于行政监管，主要考虑行政执法问题，维护市场秩序；对软信息应当施以自愿性信息披露规制，侧重于发挥负有引导督促职能的自律监管，同时由其负责强制性披露信息的齐备性、可理解性、一致性。同时，硬信息与软信息应当具有内在的逻辑一致性和各项内容的整体关联性，为投资者整合成一幅有价值的公司图景，使投资者可充分评估现在或未来公司创造价值的可能性。

三、首次公开发行披露和持续披露的综合性

无论是在一级市场还是二级市场，通过任何方式发布的公开披露信息都会进入市场并迅速反映在证券价格之中，因此首次公开发行披露和持续披露不应当在披露项目和标准上有所差异。例如，针对首次公开发行和证券交易分别立法的美国，为了取得统一、简化和综合的信息披露制度，1982 年正式实施了综合披露系统，统一规定了证券法和证券交易法对同一类信息披露的格式和内容。其中一个关键部分，是在该系统下大部分报备和报告公司的许多实质性披露要求都要遵守 S-K 条例的规定，且取得了良好效果。我国虽然实行的是首次公开发行和持续披露统一立法，但具体的信息披露规定却采用分别立法的模式，导致两者之间存在诸多不协调的地方，如对重大性判断、关联交易认定的标准不一致，影响信息披露的连续性和一致性。因此，我国有必要借鉴美国证监会制度设计的经验，在有关一级市场和二级市场信息披

露的具体规则层面上统一信息披露项目和披露标准，形成一套综合的信息披露制度。这样，信息披露文件容易做到简化，持续披露文件不会重复（区别于纠正、补充或更新）已经在首次公开发行文件中的内容[1]。对上市公司的再融资股票发行、符合条件的储架发行等，则可以集中披露该项发行的新增信息；其他信息则通过引用方式合并发行人的相关简况和定期披露文件，从而使披露内容集中于投资者需要的最新重大信息，有效增加信息含量。

四、特定信息披露的豁免

未公开的重大信息，本身并不构成信息披露义务。这也意味着，在强制披露重大性信息之外，存在无须披露的重大信息。实际上，即便是美国证监会，要求上市公司披露的，也不是全部信息。当然，特定条件下，信息披露未必能代表投资者的利益。比如，某项调查发现，企业一直寻找某项新材料，关于这种商业行为的信息披露，将可能反过来损害其信息的价值[2]。因此，关于商业秘密、部分内幕信息（需要注意，禁止利用内幕信息进行交易，更多的是从交易规则上去反对这种行为）、公司高管决定的未全部完成的某些事项应当适用信息披露豁免制度，从而在投资者信息需求与公司利益之间求取一种平衡。

五、强调外部增信措施

投资者导向的信息披露，意味着监管部门将以信息披露为中

---

[1] 齐斌：《证券市场信息披露法律监管》，法律出版社，2000，第139页。

[2] 弗兰克·伊斯特布鲁克、丹尼尔·费希尔：《公司法的经济结构》，罗培新、张建伟译，北京大学出版社，2014，第263页。

心，加强事中、事后监管。这样一来，为增强投资者对于公司披露信息的信任度，信息披露制度应鼓励信息披露主体更多地运用能增强自身信誉的措施，更注重市场化机制在保障信息披露有效性方面的主导作用[1]。例如，对于上市公司在财务报表等相关重大事项信息披露方面，要突出其内控制度的有效性，向审计师施加评价义务；出于技术复杂等原因，会更多地寻求相应领域专家的意见作为解释特定事项的一部分；聘请第三方中介机构审查、验证公司账簿和其他记录，保证信息准确性。

[1] 弗兰克·伊斯特布鲁克、丹尼尔·费希尔：《公司法的经济结构》，罗培新、张建伟译，北京大学出版社，2014，第 289-290 页。

第二章　强制性信息披露的法律规制

强制性信息披露分为首发披露与持续披露。其中，持续披露又可分为定期披露、临时披露两种类型。经过长期的规范化建设，当前中国证券市场的信息披露制度越来越完善，建立了一套较为完备的信息披露规则体系。但必须看到，随着我们的资本市场不断成熟，投资者日趋理性，客观上需要对现行信息披露制度进行相应的制度变革与规则调整，以更好地保护投资者的合法权益。本章以完善强制性信息披露具体制度为导向，先是讨论其中蕴含的基本问题，目的是为之后的制度完善提供路径指导和理论支撑；随后则分别分析相关的具体制度，目的是在既有法律框架下，提高信息披露制度的规制水平。

第一节　强制性信息披露规制的基本问题

以投资者为导向的强制性信息披露制度应当从关注披露本身向以披露对象为中心转变，这就要求着眼于投资者的不同类型和不同信息需求，在投资者、公司和监管者三方利益平衡的宏观分析框架内予以构建。完善投资者导向的信息披露制度在立法环节需要解决两个基本问题：一是披露什么，二是如何披露。

一、基本披露内容

披露内容虽然是立法者或监管者制定的，但归根结底，披露的目的是满足投资者的决策需求，以有助于他们作出理性的投资决策。如何实施这种披露，则由公司作出决定，其目的是帮助投资者最终能理解相关信息。这样，客观上也要求现有的强制性信息披露制度向以投资者为导向的理念与实践转变。如果从披露内容角度来看，就是要提炼、概括出披露内容的具体类型，并以此为主，进一步完善信息披露的内容。

需要披露哪些内容，涉及重大性标准问题。如果从改进披露内容的可行性来看，这与其说是关于披露内容的指导标准，不如说是更接近于一种监管立法的最终标准。其具有概括性和原则性，适用时还是要结合个案予以具体衡量，因此在披露实践中不能很好地发挥指导作用。同时，投资者需要何种信息更多的是一个实证研究问题，国内外相关学者在不同时期、针对不同类型投资者已经进行了大量研究。结果表明，投资者的信息需求有相同部分，也有很大的差异，并不能很好地界定一个相对清晰的披露信息范围。

投资者作出投资判断，需要了解企业作为一个整体有何价值的信息，这与公司管理层作出经营决策所需信息具有同质性，因此在披露实践中可以用管理层经营决策所需信息作为披露内容的具体指导标准。这样，披露内容相对更容易界定，也更符合中小投资者需要的"是观点而不仅仅是信息"的这一理念。纵观信息披露法律规制的发展，也能发现公司管理层所需信息逐渐外化的趋势。例如，行业信息是管理层掌握和迫切需要的，同时对于投资者作出决策也具有很大价值，因此自 1982 年起，美国证监会就明确要求涉及石油与天然气业务的公司，须披露可证明的石油与天然气储量的估计价值。

相对来说，管理层决策所需信息明确且具有可理解性。显然，不是所有的管理层决策信息都应当披露。这种披露的必要性须遵循三种原则：一是投资者感兴趣或可理解。琐碎的信息不用披露，以免形成信息冗余。成熟的投资者与公司管理层可能会对同一层次的信息感兴趣。事实上，二者都会关注公司的整体价值和管理。二是这种披露的消极影响应降到最低。尽量减少因为披露决策信息而产生对公司发展不利的影响。这意味着某些信息可能不适合披露，或至少不适合马上披露。三是降低监管成本。必须披露的管理层决策信息，必须是能够被独立验证的，也就是必须具备相当的可信度。否则，这种信息披露容易被操纵，以谋取私利。比如，部分关键业绩指标，这些指标一定是反映当下企业实际运营状况的，且具备可追溯性，才具备了信息披露的真正价值。

二、基本披露模式

现行信息披露制度，更关注企业或上市公司是否完成了信息披露的行为，以及披露信息是否真实，而未将投资者是否已经充分理解予以认真考量。这就造成了上市公司信息披露越多，投资者归纳、分析信息的难度反而越大的矛盾现象。为解决这一问题，美国很早就着手研究并多次予以改进。其中一个主要的改进方向，就是大量借鉴了行为金融学的研究成果，在披露数量、披露格式、披露语言等方面予以完善，以更好地帮助投资者理解披露信息。这样也产生了新的问题：有些信息本身过于复杂，无论如何去完善披露形式，或简化披露语言，似乎这种信息的复杂性都不太好解决。

甚至有美国学者提出索性取消信息披露监管这样较为极端的观点[1]。

当然，笔者以为，强制信息披露作为制度设计，不能取消。但进行某种改进，是可行的。有鉴于此，我国可考虑建立这样的强制性信息披露模式：

首先，合理配置管理层所需信息中的软信息和硬信息。向投资者披露公司管理层决策所需的信息，以帮助投资者通过管理层的视角判断分析公司整体的价值和风险。管理层所需信息既有软信息，也有硬信息，前者如管理层对公司发展前景的看法、战略规划等观点表达，后者如利润分析、市场占有率等有数据支持的辅助决策信息。如果说目前我国信息披露制度更多地集中于过去事项、财务事项的硬信息的话，那么可以要求公司更多披露目前正在从事的重大事项、非财务信息。但这一要求不能矫枉过正，因为管理层分析判断公司也具有局限性，未来导向的信息披露更多还是要留给市场解决。

其次，统一的标准化披露。投资者导向的信息披露以投资者信息需求为视角，这种信息需求只有在投资者、上市公司和监管者共同组成的分析框架内才能有效开展。单纯满足投资者信息需求的披露，其主要问题为：一是如何界定不同投资者的信息需求；二是这种信息披露导向的外部性较强，实践中难以操作。因此，受制于第三方效应，强制披露应当推行标准化的披露格式，并统一披露时间，如此既有利于投资者对所披露信息进行比较利用，也不会过度损害公司的竞争利益。这一点在行业信息披露、管理层讨论与分析、信息披露豁免情形下尤为重要。

最后，简明易懂化披露。投资者作出最优决策其实不需要太

---

[1] 沙哈尔·本·沙哈尔、卡尔·E.施耐德：《过犹不及：强制披露的失败》，陈晓芳译，法律出版社，2015。

多信息，实际上多数投资者也缺乏相应行业、专业等方面的知识，但仍能作出明智的决策，因此信息披露应当解决简化披露和充分披露之间的矛盾，防止信息披露的"棘轮效应"，实行简明易懂的信息披露。尽管复杂信息不易简化，且若简化又会产生冗长的两难困境，但在最大程度和范围内参考借鉴信息披露制度成熟国家和地区的简明披露原则，对于改进完善我国信息披露制度仍具有重大意义。

第二节　首发信息披露的法律规制：以招股说明书为例

一、招股说明书的内容与格式准则历次修订的实证分析

自 1997 年 1 月 6 日证监会制定《公开发行股票公司信息披露的内容与格式准则第 1 号——招股说明书的内容与格式》（以下简称《招股说明书》）以来，该规范适应证券市场发展的需要，结合不同时期各项政策法规和市场环境的变化情况，先后修订了4 次。该《招股说明书》历次修订情况如表 2-1 所示。

表 2-1　《招股说明书》历次修订情况对比

年度	1997	2001	2003	2006	2015
章节变化	分为封面、目录、正文、附录、备查文件等5个部分	改为章节体例，分"总则"、"招股说明书"（又分为"风险因素""发行人基本情况""业务和技术""同业竞争与关联交易"等16节）、"招股说明书摘要"、"附则"等4章	章节无变化	在第二章中增加"管理层讨论与分析"一节	章节无变化

续表

年度	1997	2001	2003	2006	2015
增加内容		公司应当披露"自身特有"风险并对"特别风险提示"事项作出列举，同时可对风险造成的损失作出适当承诺；"五独立五分开"；持股最大的10名自然人股东；发行人与有关的中介机构及其相关人员的直接或间接的股权关系或其他权益关系；资产权属变更情况；发起人情况；主要股东及其他"董监高"的重要承诺；纳入组织结构主体的主要业务和财务情况；特许经营权情况；合营、联营合同安排；境外经营情况；质量控制情况；"董监高"等在供应商或客户中所占权益；核心技术情况及产品生产技术所处阶段；知识产权和非专利技术；研究开发情况；同业竞争及如何避免；关联方及关联交易；包括内部控制等在内的公司治理等	公司负责人和主管会计工作的负责人、会计机构负责人保证招股说明书及其摘要中财务会计报告真实、完整；投资者若对本招股说明书及其摘要存在任何疑问，应咨询自己的股票经纪人、律师、专业会计师或其他专业顾问；发行人拥有的主要资产和实际从事的主要业务情况；募股资金使用合作方披露中增加其是否与发行人存在竞争关系等	发行人下属企业的资产规模、收入或利润对发行人有重大影响的，应披露该下属企业的相关信息；保证责任主体增加发行人及其监事、高管；市净率；主要竞争对手的简要情况；披露董事、监事的提名人并说明上述人员的选聘情况；是否存在违法违规行为；资金占用情况；部分财务会计信息，包括以所有者权益变动表形式披露的股东权益等；对财务状况、盈利能力及现金流量的分析；募集资金项目能独立核算的，应审慎预测项目效益等	保荐人先行赔偿投资者损失的声明及承诺；募集资金到位当年发行人每股收益相对上年度每股收益的变动趋势；募集资金到位当年基本每股收益或稀释每股收益低于上年度，导致发行人即期回报被摊薄的，应根据自身经营特点制定并披露填补回报的具体措施；董事、高管对公司填补回报措施能够得到切实履行作出承诺；保荐人及发行人律师对募集资金投资项目出具结论性意见；募集资金专项存储制度的建立及执行情况；募集资金向实际控制人、控股股东及关联方收购资产，如果对被收购资产有效益承诺的，应披露效益无法完成时的补偿责任，募集资金用于偿还债务、补充营运资金的披露要求等

52

续表

年度	1997	2001	2003	2006	2015
修订内容		责任承担主体增加发行人董事会；除披露主要股东的持股比例之外，还要求披露其相互之间的关联关系；除股本变化及重组情况外，还要求披露其他对业务、经营业绩等的影响；组织结构披露要求更细致全面；主营业务情况细化，比如高危险、重污染情形的披露；固定资产和无形资产；除业务和资产重组情况外，还要求披露对发行人的影响；主导产品或业务的技术水平；丰富董事、监事、高级管理人员与核心技术人员披露内容，包括各类持股情况、相互之间存在的配偶关系、三代以内直系和旁系亲属关系等；财务会计信息整合经营业绩、债项、盈利预测等项目，并修订部分内容；对1999年的业务发展计划大幅修订，增加与现有业务的关系、募股资金运用对业务目标的作用等；根据募股资金具体用途，细化披露要求	招股说明书摘要无须包括招股说明书全文各部分的主要内容；风险因素界定为可能对发行人业绩和持续经营产生不利影响的所有因素；其他股东修改为持有发行人股份5%以上的股东；家属持股，修订为董事、监事、高级管理人员、技术负责人及核心技术人员的父母、配偶或未满十八岁的子女持有的股份；近三年业务的进展及盈利能力应当结合发行人主要产品的平均价格和销售量及其变动趋势予以说明等	披露用事实描述性语言，不得有诋毁性的词句；缩减需要披露主要业务、基本财务状况的主体范围；不再列举关联方、关联交易具体范围，改采概括式界定；披露"董监高"及核心技术人员之间的亲属关系；财务会计信息，包括充分披露主要会计政策和会计估计、对带强调事项段的无保留审计意见增加会计师说明、明确流动比率等的计算基础等；将披露涉及重大仲裁、诉讼的持有发行人20%以上股份的股东等修订为控股股东或实际控制人等	

续表

年度	1997	2001	2003	2006	2015
删除内容		大股东有放弃竞争和利益冲突的承诺；非生产性、福利与服务性固定资产项目；大部分募股资金运用内容，包括尚未确定募集资金用途的说明理由、投资项目使用资金的计划时间表等	在招股说明书及其摘要披露前，任何当事人不得泄露与招股说明书及其摘要有关的信息，或利用这些信息谋取利益；历次股本形成及股权变化情况；发行前最大10名股东名称及其持股数量和比例；大量过宽的披露要求，比如产品或服务的平均价格及定价策略、产品特性等；先进生产工艺或技术诀窍；未披露盈利预测时的披露要求	风险因素之后介绍的已采取或准备采取的风险对策或措施；股东可对如何承担风险因素可能引致的损失作出适当的承诺；核心技术的来源和方式；有重大影响的知识产权、非专利技术情况；技术负责人相关事项；发生重大资产置换、重大购销价格变化等情况的备考财务会计信息等	

总体来看，一系列的修订呈现出以下特点：一是章节结构日趋合理。1997 年的《招股说明书》采用一般文本表达的普通列示方式，而 2001 年起采用章节方式。二是披露内容更强化逻辑性。例如，1997 年"发行人基本情况"中的产品产销、新项目研发，2001 年调整至"业务和技术"一节；将董事长等近三年内曾发生变动情况由 2003 年"公司治理"一节调整到 2006 年"董事、监事、高级管理人员与核心技术人员"一节；2001 年《招股说明书》规

定招股说明书摘要进行全文主要内容的缩减；2003 年明确规定招股说明书摘要无须包括招股说明书全文各部分的主要内容。三是强调利益冲突情形的披露。例如，2001 年、2006 年《招股说明书》要求发行人披露其与本次发行有关的中介机构及其负责人、高级管理人员、经办人员之间存在的直接或间接的股权关系或其他权益关系；还要求发行人披露董事、监事、高级管理人员和核心技术人员，主要关联方或持有发行人 5% 以上股份的股东是否在前五名供应商或客户中占有权益。四是降低披露成本。《招股说明书》1997 年规定需披露的作为重大诉讼一方的当事人还包括公司的并行子公司、联营公司、持有发行人 5% 以上（含）的主要股东；2001 年规定股本结构变化、重大资产重组对发行人业务、控制权及管理层以及经营业绩的影响。这种规定，显然是为充分披露信息，但极大增加了发行人的披露成本而且似无必要。因此，《招股说明书》2003 年修订时，明确提出"降低信息披露成本"的要求，并大幅简化或删除了相关披露要求。五是更注重保护投资者合法权益。例如，保荐人先行赔偿投资者损失的声明及承诺；若募集资金到位当年基本每股收益或稀释每股收益低于上年度从而导致发行人即期回报被摊薄的，董事高管对公司填补回报措施能够得到切实履行作出的承诺等。

　　《公开发行证券的公司信息披露内容与格式准则第 28 号——创业板公司招股说明书》（以下简称《创业板招股说明书的内容与格式》）于 2009 年 7 月开始实施，2014 年第一次修订，2015 年第二次修订。比较而言，2015 年版本的框架结构更为简洁紧凑、逻辑清晰，如 2015 年修订的版本将第 2 章原第 8 节、第 9 节合并成为一节，即"董事、监事、高级管理人员与公司治理"；将第 2 章原第 10 节和第 11 节合并成为一节，即"财务会计信息与管理层分析";业务发展目标、股利分配政策等内容没有单独成节，未列"招股说明书摘要"一章。另外，基于创业板公司具有"业绩不稳定、经营风险高、退市风险大等特点，投资者面临较大的市场风险"，其招股说明书似乎更注重提示风险和责任约束，如增加要求发行人的控股股东、实际控制人以及保荐人、承销的证券公司作出承诺，因发行人招股说明书及其他信息披露资料有虚假记载、误导性陈述或者重大遗漏，致使投资者在证券发行和交易中遭受损失的，将依法赔偿投资者损失，即重要承诺的主体及承诺事项范围更大，对发行人持续盈利能力产生重大不利影响的所有因素均应分析并完整披露；更注重软信息及投资者保护机制披露，要求披露发行当年和未来三年的发展规划及拟采取的措施，预测性信息及其他涉及发行人未来经营和财务状况等信息的披露应当谨慎、合理，建立累积投票制选举公司董事，实行中小投资者单独计票等投资者权益保护机制。

与此同时，在主板、中小板、创业板招股说明书规范的历次修订过程中也暴露出一些问题，对于这些问题的正确认识和理解或许是今后改进招股说明书内容与格式的前提和基础。这些问题包括：（1）披露内容的取舍问题。由于招股说明书内容没有一个准确定位，导致在企业披露什么内容方面随机性较强，披露内容的连贯性和可比性较差。例如，2001年《招股说明书》明确要求发行人股东可对风险造成的损失作出适当承诺、披露技术负责人的简要情况，但上述要求之后修订时予以删除；同时，不知出于何种考量，还规定了禁止性行为，即任何当事人不得泄露与招股说明书及其摘要有关的信息，或利用这些信息谋取利益。对于是否介绍已采取或准备采取的风险对策，2006年之前要求披露，而之后则予以禁止。（2）披露内容的深度问题。同样一个项目披露到什么程度，广度和深度如何把握，没有一个清晰且准确的定位，这表明对于该项目披露所要达到的目的和试图取得的效果并无明确认识，导致同样项目披露深浅不一，令公司和投资者无所适从。例如，关于风险因素的界定由"与发行人相关的所有重大不确定性因素"修订为"可能对发行人业绩和持续经营产生不利影响的所有因素"，范围明显缩小。再如，关于关联方的界定，有时采用列举式，有时采用概括式，界定的主体范围差别较大。（3）某些披露项目可行性值得商榷。比如，1997年《招股说明书》规定拟披露股票种类有"优先股"，而且发行人拟发行股票时募集资金用途可以尚未确定，只要予以说明并详细陈述发行理由即可；2001年时的招股说明书发行人律师可受发行人委托参与编制并予以审阅。类似的条款理念较为先进，但却未必适合中国证券市场的现实，实际上很难真正实施。

　　当然，上述这些问题仅是从《招股说明书》准则分析而来的，如果加上其执行实践中出现的问题，可能呈现更多的类型。要想彻底解决这些问题，不能止步于就事论事，而应当分析背后的原因。只有从宏观上建立起招股说明书披露的合理框架，才能在实践基础上逐步修订完善披露机制。为此，需要依次讨论分析以下三个问题：首先是招股说明书的披露定位，这为其披露内容提供原则指导；其次是招股说明书的规制调整，这为其披露内容提供协调统一的法律基础；最后是招股说明书的具体编制，这为其披露内容提出具体建议。

二、招股说明书披露的法律定位

　　无论从证券法规定还是从监管实践角度分析，虽然二级市场的交易量远远大于一级市场的募集资金数量，世界各国却都普遍重视首发信息披露，这是因为它构成了持续披露的基础，因此对其在深度和广度等方面都要求很高。首发信息披露的核心文件即招股说明书，是临时性的，主要目的是在促进资本形成和通过提供一级市场透明度而实现对投资者的保护之间取得平衡。成熟市场对招股说明书的界定，大概分为两种形式：一是以美国为代表的行为性质模式。根据 1933 年美国《证券法》第 2（a）（10）条的定义，招股说明书是指通过书面、无线广播或电视等方式提供的、用于发售任何待出售证券或确认任何证券销售的招股说明书、通知、通函、广告、信函或以广播、电视、书面等形式进行的交流活动。美国的证券法对招股说明书的界定范围十分宽泛，目的在于监管者借此防止任何证券发行人在规定的时点之前披露信息，从而避免信息"抢跑"行为。另外，我国香港地区对招股章程的界定模式可归于此类[1]。二是以英国为代表的信息披露载体模式。英国《2000 年金融服务与市场法》第 84 条第 3 款规定，招股说明书是指上市规则规定形式、包含上市规则规定的信息的文书。这一定义侧重于从信息披露活动的形式及内容角度进行界定。除英国外，其他国家或地区如德国、日本亦如此规定。

我国现行《证券法》和《招股说明书》并没有规定何谓招股说明书，《中华人民共和国合同法》（简称《合同法》）第 15 条则明确以举例的方式规定招股说明书的性质是要约邀请。相比于美国等国家的界定，我国对招股说明书没有界定约这一行为性质，原因是它不具有发行人一经对方承诺即受约束的主观意图。尽管招股说明书不是要约，但并不否定其内容属于发行合同的事实陈

---

[1] 沈朝晖：《我国的招股意向书为什么不是要约：来自首次公开发行实践的考察》，《金融法苑》2008 年第 4 期。

述和保证部分，这来源于法律的强制性规定，也就是说，对发行人的拘束力来源于法律的强制性规定。从这一角度出发，招股说明书是上市项目中最关键的法律文件。因此，招股说明书的披露内容必须真实、准确和完整，否则要承担相应的法律责任。为免除法律责任，发行人还应当充分披露本次发行所蕴含的全部风险。同时，证券发行成功与否，取决于发行人的主营业务、商业模式、发展前景等能否获得投资者的认可，因此招股说明书也是销售文件，需对本次发行吸引投资者踊跃申购的亮点进行深度挖掘，推介营销。倡导投资者导向的招股说明书，其实就是进一步突出其作为销售文件的属性，向投资者提供更全面的价值信息。强调其法律文件属性，更关注中介机构核查验证财务信息等硬指标和监管机构对"持续盈利能力"的审核把关；强调其销售文件属性，更关注中介机构能否挖掘出公司的特有价值和监管机构对"投资价值"披露的审核把关。就投资者获取决策信息而言，无论是作为法律和会计术语的"持续盈利能力"，还是投资专业所说的"投资价值"[1]，两者高度契合，内涵一致。

三、招股说明书内容与格式的规制模式和规制内容

（一）规制模式

从境外成熟市场来看，招股说明书内容与格式的规制权限都在监管机构与自律组织之间予以大致划分。这一划分的目的并不是剥夺其中一方的规则制定权，而是要解决由谁主导、以谁为主的问题。总体而言，分三种规制模式。

[1] 王啸：《试析注册制改革：基于问题导向的思辨与探索》，《证券市场导报》2013 年第 12 期。

一是以美国、德国为代表的监管机构主导模式。美国 1933年《证券法》以附录形式列示了注册说明书应当包含的项目，美国证监会则通过制定不同表格援引 S-K 条例及 S-X 条例相关条款并进行细化。德国将欧盟层面的招股说明书指令（2003/71/EG，2010 年修订）转化为国家法律（《有价证券招股说明书法》），具体内容与格式则直接适用欧盟层面的《招股说明书规范》[（EG）Nr.809/2004]，该规范统一规定了欧盟区域最低程度的信息披露，着重明确了不同的证券类型和不同的披露者在进行信息披露时应该予以区别对待。此种模式下公司的发行和上市相对分离，监管机构对招股说明书内容与格式进行了详细规定，对招股说明书的完整性、一致性和可理解性进行审查，并且一般都会要求发行人提供更多信息以对招股说明书进行补充完善，而证券交易所等自律组织则根据本所的上市条件专司上市环节的审核，符合条件的，允许其上市交易。

二是以英国、我国香港地区为代表的自律组织主导模式。英国的招股说明书等同于上市公告书，披露形式和披露信息由证券交易所上市规则规定。英国《2000 年金融服务与市场法》第80条就如何界定"投资者及职业顾问合理要求并合理预期在其中发现的全部信息"，在第3款及第4款中列示了需要考虑的诸多因素。实践中，伦敦证券交易所实际上行使英国证券市场日常监管的职能，是英国股票发行上市的唯一常规性核准机构，监管机构并不直接审核股票发行。香港《证券与期货条例》简要规定了招股章程的内容，联交所上市规则附录一 A 部分对此进行了详细完整的规定，上市决策委员会发出的指引、上市委员会的意见、《简化股本证券新上市申请上市文件编制指引》等具体指导发行人编制招股章程。在双重存档制度之下，联交所是上市申请人的主要联络点，并且负责审批上市文件，对审批发行人招股说明书披露内容负有主要职责；证监会则主要保留了在其认为招股说明书涉嫌虚假披露时的否决权。这种框架安排既提高了公信力及强化有关上市事宜的监管架构，又确保了香港市场公平、有序、透明。此种模式下公司的发行和上市分离并不明显，主要由证券交易所等自律组织对招股说明书内容进行规制与审核。当然在实际操作中，监管机构与证券交易所会充分沟通协调，绝少出现证监会行使否决权的情况。

三是以日本为代表的招股说明书规则由监管机构制定，但实质审核却由自律组织（类似行业协会）实施的模式。日本《金融商品交易法》对于一级市场和二级市场统一立法，在第3条至第27条规定了包括有价证券申报书编制内容在内的企业之信息公开制度。具体而言，其第5条第1款规定了有价证券申报书编制项目，具体披露内容则在于1973年制定并于2007年修改的《企业信息等披露内阁府令》中予以明确。公司的有价证券申报书首先由东京证券交易所自律法人进行上市审核（实质审核），然后各地财务局接受金融厅的委托，具体负责对有价证券申报书的形式审核。从保护公共利益或投资者的观点出发，如果东京证券交易所认为必要，其可以要求发行人额外披露相关事项。如为确认发行人是否与黑社会组织有关系，要求发行人披露预防反社会势力干预经营活动的体制等，招股说明书的内容与格式的规制权仍然赋予监管机构并由其实际行使。

（二）规制内容

各国和地区的招股说明书大致包括概览、发行情况、发行人基本情况、风险因素、业务财务、管理层讨论与分析、公司治理、关联交易、募集资金使用等内容。由于法律文件传统和书写习惯不同等，这些内容体现在篇章结构上有所不同，同样一个披露项目在不同国家和地区的招股说明书中的位置也不尽相同，如管理层讨论与分析在美国单独披露，而在香港则结合财务信息部分一并分析。比较而言，大陆法系国家和地区的招股说明书采用章节模式，结构清晰、层次分明，如德国单个招股说明书包括摘要、风险因素、发行人情况描述（登记文件）、有价证券综述4个部分；日本有价证券申报书依据完全披露方式，法定记载事项分为证券信息、企业信息、为提交公司之担保公司等信息、特别信息等部分[1]。而英美法系国家和地区的招股说明书则通过字体差异等方式直接陈述相关部分的内容，不太方便阅读。

总体而言，两大法系的招股说明书披露内容或方式中共性的成分多一些，具体表现如下。

一是披露内容以规则导向为主，原则导向为辅。鉴于首发上市在促进资本形成和维护市场秩序方面的重要地位，也是由于信息不对称在首发上市环节表现最为突出，各国对于首发上市制度都采取了严格管制态度。就招股说明书内容而言，大都详细规定了需要披露的内容，为发行人及相关中介机构编制招股说明书提供了比较明确的指引，带有明显的规则导向特征。如美国1933年《证券法》附表A规定了注册说明书应披露的7大类信息。根据该法授权，美国证监会制定的S-1表格又增加了大量需要额外披露的信息，涉及企业经营风险、资本市场风险、管理人员意见等主观性较强的"软信息"以及业务种类、财产权益等非财务信息。

---

[1] 周剑龙：《日本证券发行市场的法律规制：论中国证券发行制度的走向》，《商事法论集》2010年第Z1期。

我国证监会专门制定了招股说明书内容与格式指引，用 139 条条文详细规定了需披露的内容[1]。如上文所述，在以自律监管为主的国家和地区，虽然监管机构没有详细规定招股说明书的内容，但通过自律规则、编制指引等方式也构建了较为完整的披露内容体系。当然，在《招股说明书》的个别章节如"管理层讨论与分析"中，考虑到公司所处行业千差万别，公司管理层运营公司的方式方法差异较大，因此允许管理层以个性化的视角讨论与分析公司现状及发展前景，赋予公司较大的自治空间，体现了明显的原则导向特征。

二是披露内容的差异化。为提高招股说明书披露的针对性，各国招股说明书不同程度地要求进行差异化披露，这种差异化披露或者是明确予以要求，或者是受制于披露相关性的约束。综观招股说明书的内容，其差异化表现在三方面。

（1）不同规模的公司披露信息有所差异。为减轻中小企业上市成本，方便其快速融资，在不减损投资者知情决策的前提下，往往豁免一些披露项目或对某些披露项目的披露深度要求有所降低。例如，德国要求中小企业 / 低市值企业过去两年的历史财务信息必须公开但无须写进招股说明书；只有当招股说明书中不包含年度报告时，才需要提供经营财务评估或管理层讨论与分析。最明显的则是美国 JOBS 法案对于新兴成长公司在审计师对公司内部控制的证明报告、高管薪酬披露标准、按照 GAAP（通用会计准则）进行信息披露等方面的豁免或降低要求。

（2）不同行业的公司披露信息有所差异。各类行业的投资决

---

[1] 苗壮：《美国证券法强制披露制度的经济分析》，《法制与社会发展》2005 年第 2 期。

策有用性信息，关键点差异很大。因此，按照行业特点分别设计不同的信息披露细则，既充分展示不同行业之间巨大的差异性，又可以为投资者提供与投资判断有关的信息，提高信息披露的信息含量。部分成熟市场国家的招股说明书就针对特定行业制定了专门的招股说明书披露指引。例如，美国纳斯达克市场与香港联合交易所分别制订了针对石油与天然气、银行、房地产、保险、矿业等行业的发行披露与持续披露规定，并制定格式指引[1]。那些没有制订相关行业专门格式指引的国家和地区，由于受制于卖方证券市场的约束压力，为提高证券承销发行成功率，也结合公司行业经营特点，尽可能地提供包含行业关键业绩指标等在内的价值类信息。

（3）采用不同新股发行方式的公司，披露信息有所差异。在对公开发行证券统一进行规制的国家和地区，会区分不同新股发行方式要求披露不同内容。例如，我国台湾地区就分为前次现金增资、并购或受让他公司股份发行新股等三种方式，在"发行计划及执行情形"一节作出适当的差异化披露要求。

三是披露内容的相关性与重大性。立足于投资者决策需要信息，招股说明书要求披露的信息体现相关性、重大性特点。相关性，即有助于投资者理解公司财务状况、经营业绩的重大趋势、事件、风险等信息。重大性，即并不是所有信息都予以披露，只有符合定量或定性标准的信息方可披露。相关性和重大性在各国关于招股说明书内容与格式指引中并未作为编制原则予以明确规定，但在披露内容的具体表述中随处可见。例如，在香港交易所

---

[1] 杨澄：《上市公司差异化信息披露的逻辑理路与制度展开》，《证券市场导报》2016 年第 1 期。

指引信《简化股本证券新上市申请上市文件编制指引》（HKEX-GL86-16）中，"风险因素""业务""董事监事及管理层"等章节大量出现该项要求[1]。我国《招股说明书》中该项要求则有 39 处之多。至于风险因素，为了减轻发行后的责任，在信息披露时，投行及上市公司尽可能多地、充分地、准确地予以披露，且不得有对风险进行化解性的描述。例如，Google 和 Facebook 的招股说明书中风险因素数量分别达 60 个和 51 个，每一个风险因素仅清楚地描述一个具体风险。阿里巴巴在美国的招股说明书中"风险因素"部分列示了与公司本身紧密相关的 4 大类 11 项风险，包括"无法保持我们生态系统的可信任状态会极大地伤害我们的名声和品牌；我们的经营哲学可能会在短期内对我们的财务业绩产生负面影响；如果支付宝为我们提供的服务被限制或局限，我们的业务将会受到冲击；我们的可变利益实体结构中存在一些风险和不确定因素"等。其中，第一项信任风险对于一个电商成功运作是至关重要的。该招股说明书的特别提示如下："任何对于我们平台的信任的损失都会对我们的品牌价值造成影响，我们交易平台的买卖双方停止交易，以及参与者减少他们在我们交易平台的交易频率，都将实质性地减少我们的收入和利润。"对于一个电商公司而言，披露的上述风险因素既与投资者决策相关，又是公司重大的特定风险事项。

四是披露内容的逻辑性和整体性。招股说明书致力于勾勒出公司完整的图像，描述内容从宏观到微观，从目前现状到未来趋势，从突出价值所在到充分提示风险，叙述内容环环相扣，呈现

---

[1] 封文丽：《IPO 注册制下上市公司信息披露制度优化》，《财会月刊》2015 年第 16 期。

出一个篇章结构清晰、内容层次分明的完整体系，更像是学术论文。这一共同特征，在一些成熟市场国家和地区由于撰写习惯和技巧等，体现得就尤为明显。以阿里巴巴在美国的招股说明书为例，在整体结构方面，分为公司使命、商业模式、主要绩效指标、阿里巴巴商业平台的网络效应、公司机遇、公司优势、公司战略、阿里巴巴合作伙伴计划、公司面对的挑战、公司历史和架构、适用于本招股书的公约（术语）、关于本次发行（关于经营业绩）、风险因素、管理层对财务状况及经营业绩的讨论与分析等部分。管理层讨论与分析部分，依次介绍主要业务、活跃买家等关键业绩指标、结合主营业务逐项分析利润产生模式、"我们众多的业务当作一个统一的盈亏账目来管理，而不是分别设定每项业务单元的盈亏目标"的经营哲学、影响公司经营成果的因素（又分为买家和卖家的数量和参与程度以及我们市场上的交易总额、完成和加深货币化进程的能力两类）、经营成果要素、最近的投资、收购和战略联盟的活动等。

五是披露内容表述简明易懂。

（1）使用日常用语、使用短句，避免使用界定词或专门术语。美国证券交易委员会投资者教育援助办公室于1998年8月发布了421（d）号规则，也称为《简明英语规则》，对于发行人及相关人士如何编制明晰的披露文件，包括披露文件的用语，都提出了全面的建议。除此之外，同时制定的421（b）规则还要求招股说明书的表述要清楚、简洁、容易理解。以阿里巴巴在美国的招股说明书为例，其第一版有"包括云OS"的表述，根据第一次反馈意见，第二版修改为"包括云OS等移动和娱乐平台上的操作系统"，对"云OS"是什么进行了通俗解释；根据第一次反馈意见，将"to a voting trust to be voted at the direction of Jack and Joe"

改为"to Jack and Joe by proxy"即"软银"将同意通过代理授予其持有任何超过30%的股权部分的投票权给马先生和蔡先生，这样修改能够做到语言简短、易懂以及规范化。在随后的"软银"利益与股东利益的潜在冲突中，也有同类修改。

（2）采用定量与定性分析、文字与图表相结合的表述方式便于投资者直观快速地理解披露信息，在减少投资者获取信息时间成本的同时，也提高了获取信息的效率。例如，香港《简化股本证券新上市申请上市文件编制指引》要求公司就风险可能构成的影响提供数据上的披露，以便投资者评估风险影响申请人业务营运及财务状况的程度。如未能确定风险可能构成的影响，则尽可能披露最高的定量影响。

（3）表述内容尽量准确清晰。例如，阿里巴巴在美国的招股说明书第二版中有"由于我们的资金实力雄厚，我们预计对于新业务的投资将会减少我们的利润，但是对我们长远的发展有利"的表述，而在首次申请的文件中则只陈述了利润会减少的事实。其第一版有"为我们的批发市场创造新的货币化机遇"的表述，根据第一次反馈意见，随后增加了例示来进行具体说明："例如，以后我们可能会通过交易平台上的活动的货币化来获得收益，虽然我们还没有决定用什么方法来货币化这些交易服务。"

各国和地区招股说明书在具有上述共同特点的同时，也表现出一些差异化特点：一是披露项目范围不同。尽管各国和地区的招股说明书主要内容并无实质性差异，但由于"法律"传统、市场环境和公司特点不同，具体披露项目略有差异。例如，德国招股说明书对于主要股东的披露只需涉及发行人，而我国台湾地区则规定发行人的法人股东亦须披露其主要股东，日本还规定需要披露较为详细的母公司的相关情况。二是相同项目的披露详略程度不同。相同项目披露深度不同除上述采取差异化披露从而提高披露效果这一原因外，还有可能是因为本国市场结构、披露传统等不同。例如，为防范利益冲突，纠正"董监高"与发行人之间的不当利益输送，美国和我国香港地区都要求对于他们之间曾经或现在的交易是否存在关联关系予以全面披露。香港《主板上市规则》要求披露有关任何董事等在公司披露的供应商或客户中是否有所占权益，如无此等权益，作出相应的说明；而我国内地就没有如此要求。对于同业竞争和关联交易的披露，中国招股说明书需要作出详细披露，而美国的披露准则对此则不太关注。三是由于证券法律本身发展程度或者特殊市场环境的限制，有些披露要求为本国所独有。例如，美国 S1 表格要求披露的"今后可以出售的股票"，中国 A 股招股说明书不要求披露承销的安排，日本要求披露提交公司之担保公司的信息。

四、我国招股说明书内容与格式的规制建议——以东方证券为例

东方证券是在上海证券交易所与香港联交所同时挂牌交易的证券公司，分别于 2015 年 3 月 10 日、2016 年 6 月 17 日发布了 A 股、H 股招股说明书。下文以该公司为例对比分析两地招股说明书的具体差异，并对我国招股说明书的内容与格式提出规制建议。

（一）披露要求的具体差异

与在香港联交所发布的 H 股招股说明书相比，在上海证券交易所发布的 A 股招股说明书存在以下短板。

一是披露篇幅冗长。2014 年 A 股共 125 家企业上市，招股说明书平均篇幅达 387 页（主板为 392 页，中小板为 417 页，创业

板为 354 页）。相对而言，境外成熟市场的招股说明书篇幅较小，平均为 200 多页。东方证券 A 股招股说明书正文共计 643 页，比 H 股招股章程正文多 70%，主要原因如下。

首先，未结合公司实际情况泛泛而谈的信息过多。例如，"业务和技术"章中仅公司所处行业的基本情况介绍即达 15 页，分证券市场发展概况、证券行业监管、证券行业基本情况等 3 项内容完全没有必要；而 H 股招股章程中虽然亦有泛泛而谈的信息但数量相对较少，且是在陈述具体业务时介绍的，这能够直接说明宏观形势对具体业务的影响。又如，"公司治理结构"章中的股东大会等制度的建立健全及运作情况介绍多达 22 页，多是公司章程的规定，虽然有"三会"召开的具体情况，但更多证明的是合规性信息，亦无多少价值；而 H 股招股章程并无此单独章，近三年违法违规行为及受处罚情况被吸收到其"业务"章。

其次，重复性信息过多。如正文之间的重复，东方证券 A 股招股说明书中"发行人基本情况""业务和技术""管理层讨论与分析"等章节最为突出，发行人简要情况、股权结构、报告期各项业务收入等内容前后多次重复。再如，正文和备查文件之间的完全重合，正文中关联交易与关联方、财务会计的很多内容几乎完全从备查文件中的审计报告及财务报表（含附注）复制；而 H 股招股章程及附件没有整段重复，需要时以参考援引方式相互引证。

最后，章节安排不合理。主板招股说明书有 17 章、128 项内容，创业板为 13 章、101 项内容。或许这是基于形式合理性的考虑，相关内容独立成节，但这更容易引起空泛且重复的表述。相反，相关内容融入其他章节可能会更加简洁且逻辑清晰。例如，东方证券 A 股招股说明书的"风险管理与内部控制"单设为第 10 节，则不如 H 股招股章程中将其纳入"业务"一节并与细化业务结合起来表述更具有针对性。H 股招股章程一般分为 10 节。

二是合规信息披露过多过细。在发行人基本状况的历史沿革披露中，涵盖主体除发行人外，还包括实际控制人、子公司、占股 5% 以上的股东；在内容上需披露公司设立以来的历次股权变更情况、验资及资产评估情况。此外，社保及公积金等也要求披露。东方证券的上述内容在 A 股招股说明书中达 61 页，占比为 10%；而在 H 股招股章程中仅占 7 页，占比为 2%。在 A 股招股说明书"业务和技术"章中，主要固定资产、无形资产和业务许可文件达 29 页，占比为 5%；而在 H 股招股章程中，上述内容仅 3 页，占比为 1%。又如，发行人"董监高"和相关中介机构的声明，在 A 股招股说明书中达 7 页，占比为 1%；而在 H 股招股章程中则没有该部分内容。

三是投资决策型信息的披露质量不高。A 股招股说明书根据内容与格式的指引注重披露体系的完整性，但是总体而言，呈现模板化披露的特征，并未充分揭示公司特有的投资风险和价值，尤其在风险因素、财务会计信息（含管理层讨论与分析）方面体现得最为明显。上述内容在东方证券 A 股招股说明书中篇幅达 193 页、占比为 30%，虽然比 H 股招股章程的 93 页、占比 25% 要多、要高，但披露质量却较低，具体表现如下。

首先，风险披露格式化，未揭示公司特有风险。东方证券 A 股招股说明书从市场风险、流动性风险、行业竞争风险、募集资金运用风险等 14 个方面进行了列举，虽然面面俱到，但大部分风险都阐述不透彻，而且很多都是该行业公司面临的共同风险，如管理与合规风险、净资产收益率可能下降风险，很难说是东方证券本身所特有的风险，对于投资者作出分析判断几乎没有提供增量信息。H 股招股章程则分有关业务及行业的风险、有关中国的风险等两个大的方面，在每一个方面之下紧紧围绕公司特点进行详细描述。比如，其也描述一般的市场风险，但紧随其后的是通过定量分析的方式描述该种市场风险对具体业务有何影响，而这个特点在两者都有所描述的流动性风险中表现最为明显。

其次，行业分析空泛化明显。A 股招股说明书分证券市场发展概况、证券行业监管、证券行业基本情况等 3 项进行描述，多是介绍法规和政策，并未通过数据等定量方式说明相应的发展状况；对于公司的每一项具体业务，描述了业务过往的发展历史，但对于业务的描述不细致完整。H 股招股章程则通过定量分析的方式对中国的资本市场和证券市场发展状况进行描述，而且还针对每一项具体业务，如股票市场、基金市场具体介绍。比如，在描述公司业务时，先是提纲挈领的概览，然后介绍竞争优势和业务战略，最后再具体介绍每项业务，逻辑主线清晰，信息整合度较高。

最后，财务会计信息和管理层讨论与分析分开，这在结构框架上虽然较为完整，但也造成了与财务报表及审计报告（含附注）部分内容重复。H 股招股章程的财务资料则主要围绕收入、利润、流动性资金来源等方面，通过敏感度分析等方式进行介绍，简明扼要，重点突出，而且还单设有关市场风险的定性及定量披露部分，从信贷风险、利率风险等角度详细阐述对财务业绩的影响程度。

（二）披露规则的改进建议

针对招股说明书的以上缺点，我国《招股说明书》应当大幅简化披露项目，以投资者信息需求为导向，准确界定外部披露信息与内部审核信息的边界，提高披露文件的齐备性、一致性和可理解性[1]。

首先，优化结构框架。根据相关性和重要性原则，将业务发展目标等内容并入"业务和技术"章；股利分配政策等内容并入"其他重要事项"章；公司治理等内容并入"董事、监事、高级管理人员与核心技术人员"章；管理层讨论与分析等内容并入"财务会计信息"章。可将原 17 章调整优化为 10 章，分别是"概览""本次发行概况""风险因素""发行人基本情况""业务和技术""'董监高'与公司治理""同业竞争与关联交易""财务会计信息和管理层讨论与分析""募集资金运用""其他重要事项"。

其次，减少合规信息披露。一方面，删除同一章节内部、不同章节之间、正文与备查文件之间的重复内容，如关联交易与同业竞争、财务会计信息与备查文件之间存在的大量复制粘贴性内容。另一方面，精简"发行人基本情况""募集资金运用"等章中关于发行人历史沿革、固定资产、募投项目等信息的披露要求。上述合规性信息的真实性由中介机构核查验证，因此在备查文件中体现即可。

再次，提高风险、财务信息披露质量。风险披露应当去格式化和模板化，结合公司自身业务特点披露特有风险。财务信息与管理层讨论分析部分应当站在管理层的视角，从财务经营业绩、现金流量等角度概述公司发展的前景和整体轮廓，不必过多、过细地对财务数据进行分析,防止只见树木、不见森林的情形。同时，

---

[1] 孙亮：《注册制下降低 IPO 信息披露成本的建议：以郑煤机 IPO 招股文件为例》，上海证券交易所研究报告（2015 NO.72）。

描述上述内容时应当采取定性与定量分析相结合的方式，尤其鼓励引入压力测试、敏感性分析等方法对风险和财务等指标进行测算，为投资者提供更加感性和直观的信息。

最后，提高行业披露质量，健全分行业披露指引。一方面，经营模式、技术特点、发展有利和不利因素的披露着眼点从行业调整为发行人，目的是督促公司结合自身实际情况予以细化，提高风险披露的针对性；同时，加大行业关键指标的应用力度，使投资者能够真正理解投资行业独特的价值和风险所在。另一方面，在总结证监会和沪深交易所制定并实施特定行业信息披露指引经验的基础上，根据相应行业的公司数量、KPI 指标是否已经取得共识等因素，及时增订有关行业信息披露指引，在提升招股说明书有效性的同时，实现与上市公司日常监管的对接，提高一级市场和二级市场信息披露的可比性和有效性。

第三节　定期披露的法律规制：以年度报告为例

一、年度报告内容与格式准则历次修订的实证分析

自 1994 年 1 月 10 日证监会制定《公开发行股票公司信息披露的内容与格式准则第 2 号——年度报告的内容与格式（试行）》（以下简称《年度报告》）以来，该规范适应证券市场发展的需要，结合不同时期各项政策法规和市场环境的变化情况，先后进行了 15 次修订。该《年度报告》历次修订情况如表 2-2 所示。

表2-2 《年度报告》历次修订情况对比

年度	章节变化	增加内容	修订内容	删除内容
1994	分为说明、封面及目录、年度报告正文、备查文件等4个部分			
1995	以附件形式要求披露年度报告摘要；年报正文增加监事会报告和股东会简介等内容			
1997	分为总则、年度报告正文、备查文件、年度报告摘要、会计报表附注指引（试行）5部分。股票与股本变动情况、募集资金使用等内容调整为年报正文的一节	利润分配	股东权益从业务报告整合至会计数据和业务数据摘要；重大事件单独列示披露，包括重大诉讼、仲裁事项、收购兼并或资产重组事项	"关联企业"一节
1998	年报正文中减少"募集资金使用情况"一节，将相关内容整合至"业务报告的投资情况"一节中	年报正文增加重要提示内容。重大事项中增加公司报告期内更改名称或股票简称的情况		股票发行与上市情况。公司董事、监事和高级管理人员受到刑事起诉、市场禁入或被司法机关处以刑事处罚的情况

续表

年度	章节变化	增加内容	修订内容	删除内容
1999	分为总则、年度报告正文、年度报告摘要3部分，以附件形式列示了会计报表附注指引、公司股份变动情况表。年报正文业务报告摘要相关内容整合至"董事会报告"一节	重大事项增加相关主体受监管部门处罚的情况、上市公司独立性、发生托管承包租赁事项	对于重大事项中的重大关联交易事项进行了全面修订，量化了标准，细化了类型；优化了"董监高"的年度报酬披露形式，由董事、监事的年度报酬在"股东大会"一节、高管的年度报酬在"董事会报告"一节中分别披露，整合到在"董事会报告"节中的"董事、监事、高级管理人员"项下统一披露	
2001	董事、监事、高级管理人员和员工情况等内容调整为单独一节。增加"公司治理结构"一节	年报准则是最低信息披露要求的条款；个别董事无法保证年报质量或存在异议的声明提示；承诺履行、现金资产管理事项等；将参股公司的经营情况及业绩情况纳入披露范围，增加了主要供应商客户情况、盈利预测在年度经营计划与实际情况存在差异情形下的披露要求	年报质量保证主体由公司董事会扩展到公司董事；增加控股股东或实际控制人的披露要求；细化年度报酬情况	

续表

年度	章节变化	增加内容	修订内容	删除内容
2002	章节无变化	保证财务报告质量的声明；对董事会报告提出概括性要求	披露控股股东为自然人时的国籍、居留权、最近5年内职业职务情况；经营计划由"应当"改为"可以"；审计机构的连续服务年限等	重要提示中公司的法定中、英文名称及缩写，公司法定代表人，公司选定的信息披露报纸名称等
2003	章节无变化		前十大流通股股东之间的关联关系；董事会报告中造成资产损失的相关人员的责任追究及处理情况；违规担保事项披露	
2004	章节无变化	现任"董监高"的主要工作经历和任职情况；公司控股子公司的重要事项；细化重大会计差错披露，包括具体内容、更正金额等	以方框图的形式披露公司与实际控制人之间的产权和控制关系；说明公司未分配利润的用途和使用计划；关联交易界定标准；前十名流通股股东和前十名股东之间存在关联关系的披露	
2005	章节无变化		保证年报质量主体增加监事会、监事及高管；由披露前3名董事、高管报酬总额修订为全体"董监高"报酬总额	

续表

年度	章节变化	增加内容	修订内容	删除内容
2007	章节无变化	公司控制的特殊目的主体情况；破产重整相关事项；持有金融企业股权；股权激励计划实施情况	公司实际控制人情况单独列示；主要资产采用计量属性；披露子公司由于资产方面或其他主要财务指标出现显著变化，并可能在将来对公司业绩造成影响的；增加承诺类型；增加公司股东、实际控制人、收购人的诚信披露	
2012	"董事会报告""重要事项"的章节位置提前。股东大会情况简介、监事会报告等内容合并到"公司治理"一节中。增加"内部控制"一节	董事会报告大幅修订；资金占用情况；面临暂停上市和终止上市风险的公司情况；核心技术团队或关键技术人员变动情况；董事会下设专门委员会提出的重要意见或建议	行业主管部门规定的遵守情况；未来计划等不构成实质承诺的声明；董事会报告撰写的可靠性等6项原则；聘任内部控制审计会计师事务所、财务顾问或保荐人的情况	经证券交易所批准后不适用准则的某些具体要求、豁免披露；董事会日常工作情况；委托他人进行现金资产管理事项
2014	年报正文增加"优先股相关情况"一节	鼓励公司以简明易懂的方式对投资者特别是中小投资者披露信息	突出对现金分红的披露力度	

续表

年度	章节变化	增加内容	修订内容	删除内容
2015	新增"公司业务概要"一节；将公司简介、会计数据和财务指标摘要等内容合并为一节；另将"内部控制"一节并入"公司治理"一节	分季度的主要财务指标；《退市情况专项报告》，并附了相关模板	区分重大风险和其他风险，对于重大风险重点提示；披露"董监高"专业背景、目前在公司的主要职责；披露受证券监管机构处罚情况的期限由报告期延长至近三年；对管理层讨论与分析中所需披露的内容予以明确；股东数披露时点调整为年度报告披露日前上一个月末（之前为前第5个交易日末）	公司报告期内注册变更情况。公司首次注册情况、上市以来主营业务的变化情况和历次控股股东的变更情况无须重复进行索引。不再强制要求披露从关联方获得的应付报酬总额，仅要求说明是否从关联方获取报酬即可
2016	"管理层讨论与分析"节改为"经营情况讨论与分析"节	公司债券披露内容；前5名客户/供应商销售/采购中，关联方销售额、采购额占对应总额的比例，并鼓励披露他们与公司是否存在关联关系；主要资产权利受限情况；风险因素列举中增加商誉减值	对承诺主体予以调整，未再对"董监高"或其他关联方予以明确列举；细化环保披露要求	监事股权激励内容

从上述修订情况可以看出，比较重要的有 1997 年、2001 年、2012 年和 2015 年的 4 次修订，它们或者基本确立了《年度报告》的大致章节结构，或者调整了《年度报告》正文的相应节次，或者统一了上市公司的年度报告披露规则，对于形成现在的年度报告内容与格式准则起到了重要的推动作用。从历次《年度报告》内容与格式的修订来看，总体而言体现了以下特征。

一是章节结构日趋合理，正文节次安排越来越有助于投资者决策。1995 年《年度报告》以附件形式要求披露年度报告摘要；1997 年《年度报告》基本确立了年度报告的大致篇章结构；2001 年《年度报告》将"董监高"和员工情况，由 1999 年《年度报告》正文"董事会报告"一节中的一项调整为单独的一节，并且增加"公司治理结构"一节；2012 年《年度报告》增加"内部控制"一节，同时"董事会报告"由 2007 年年度报告正文中的第八节提前至第四节，"重要事项"由 2007 年《年度报告》正文中的第十节提前至第五节；2015 年《年度报告》又增加"公司业务概要"一节，将"公司简介""会计数据和财务指标摘要"两节合并为一节。经过调整之后，2015 年《年度报告》分为 4 章 11 节，这说明制订思路是将各重要项目分别作为一节单独披露，而在重要项目中又根据重要性程度和投资者信息需求确定披露的先后顺序。尤为值得一提的是，2015 年"年度报告摘要"分为"重要提示""公司基本情况""管理层讨论与分析"3 部分，简明扼要，重点突出，终于一改 2015 年《年度报告》之前将其作为年报正文缩微版的定位，立足于投资者决策最相关的信息择要予以陈述，既兼顾了我国证券市场以中小投资者为主的现实，又切合了年度报告摘要的基本功能定位[1]。

二是具体内容整合得更富有逻辑性。《年度报告》具体披露项目很多，将相同或类似的项目、披露要点予以整合，从而使《年度报告》内容层次清晰，具体内容翔实、丰富。年报摘要的主要目标群体是中小投资者，年报全文的主要受众则是机构投资者，根据他们不同的需求，在修订中作出有针对性的安排，有助于他们在相应披露项目下最大限度地获得有价值信息。1994年《年度报告》提供了一个反面例证，其规定董事会报告既包括董事会、股东大会运作的公司治理事项，又包括"董监高"人员信息，还包括股票与股东信息，另外还包括重大事项信息，披露内容庞杂，逻辑主线不清晰，不利于投资者获取针对性信息。或许是修订者意识到了这个问题，之后的《年度报告》进行了改进和完善。例如，1999年《年度报告》优化"董监高"的年度报酬披露形式，由1998年《年度报告》中董事、监事的年度报酬于"股东大会"一节、高管的年度报酬于"董事会报告"一节分别披露，整合到在"董事会报告"一节中的"董事、监事、高级管理人员"项下统一披露。2015年《年度报告》将2014年《年度报告》中"内部控制"一节合并至"公司治理"一节。类似的情形亦发生于2012年《年度报告》，其将2007年《年度报告》正文的股东大会情况简介、监事会报告等内容并入"公司治理"一节。

三是披露内容紧跟法律法规、监管政策的变化而变化。年度报告内容的确定需要有依据，或者是法律法规，或者是证监会根据市场形势变化提出的监管要求，或者是其他部门作出的新要求，

---

[1]年报摘要的主要目标群体是中小投资者，年报全文的主要受众则是机构投资者，故根据他们不同的需求，在修订中作出有针对性的安排。

因此,《年度报告》就需要及时更新内容,以反映上述变化情况。例如,随着 2014 年《优先股试点管理办法》的实施,2014 年《年度报告》修订时即专设"优先股"一节介绍相关情况;最为明显的变化则体现在利润分配的披露要求上:1997 年《年度报告》提出了利润分配预案或资本公积金转增股本预案的披露要求,之后 2004 年、2014 年《年度报告》又根据监管机构强化回报投资者的监管政策,逐步加大了利润分配特别是现金分红披露的广度和深度。

四是信息披露的完整性和精细化程度逐步提高,规则导向特征日趋明显。这较为明显地体现在管理层讨论与分析(董事会报告)、重大事项、"董监高"情况等部分。

(1)目前所称的经营情况讨论与分析在 1994 年被称为董事长或总经理的业务报告,自 1999 年起被称为董事会报告,历来是修订完善的重点。例如,2003 年《年度报告》在分析报告期内的财务状况、经营成果的基础上,增加了发生重大资产损失时,对相关人员的责任追究及处理情况的披露,并且在会计政策、会计估计变更或重大会计差错更正时,要求董事会应讨论、分析变更、更正的原因及影响。特别是 2012 年《年度报告》增加了披露董事会报告应当遵守可靠性、决策相关性、充分关联性等六项原则,并对董事会报告部分的内容进行了大幅修订。在披露报告期内的财务状况和经营部分,要求按照主营业务分析、行业及产品或地区经营情况分析、资产负债状况分析、核心竞争力分析、投资状况分析、公司控制的特殊目的主体情况等方面予以披露,并且将相关披露项目的重大变化标准界定为 30%,从而披露层次更加清晰,内容更加具体,指导性更强。

(2)重大事项部分自 1999 年《年度报告》以来,先后增加并细化了租赁经营、委托经营、重大担保、关联交易、利润分配、重大诉讼和仲裁、媒体质疑、破产重整相关事项、股权激励计划、承诺事项、资金占用、暂停上市和终止上市风险公司的情况、核心技术团队或关键技术人员（非董事、监事、高级管理人员）等对公司核心竞争力有重大影响人员的变动情况、公司及控股股东、实际控制人的诚信状况等内容。

（3）"董监高"情况这一部分对于报酬、兼职、专业背景等的披露要求逐渐细化或者增多，体现了对于防范其利益冲突或胜任能力的日益重视。

五是《年度报告》重要提示事项逐渐增多，体现了为投资者决策服务的特点。2012年《年度报告》提出公司应当提示经董事会审议的报告期利润分配预案或公积金转增股本预案，如年度报告涉及未来计划的前瞻性陈述，同时附有相应的警示性陈述，则应当声明该计划不构成公司对投资者的实质承诺，请投资者注意投资风险。2015年《年度报告》则区分了重大风险和其他风险，提出重大风险应当在年度报告中予以重点提示。另外，重要提示中保证年度报告内容的真实、准确、完整并就其保证承担连带责任的主体，1998年之前为全体董事，1998年为公司董事会，1999年为公司董事会及其董事，自2005年起又修订为公司董事会、监事会及董事、监事、高级管理人员。同时，自2002年起，《年度报告》中增加财务报告的保证责任主体，即公司负责人、主管会计工作负责人等。

与此同时，在历次《年度报告》修订过程中也暴露出一些问题，对这些问题的正确认识和理解或许正是今后改进年报内容与格式的前提和基础。具体问题如下。

第一，披露内容的取舍问题。有时年度报告的披露内容没有一个清晰的定位，导致披露什么项目、删除什么项目随机性较强，披露内容的连贯性和可比性较差。例如，1998 年《年度报告》删除了股票发行与上市情况，公司董事、监事和高级管理人员个人受到刑事起诉、市场禁入或被司法机关处以刑事处罚情况的相关内容。其实这两项内容都很重要，为何删除不得而知。2007 年《年度报告》规定若控股股东为法人，应当披露名称、单位负责人或法定代表人、成立日期、组织机构代码、注册资本、主要经营业务等；而 2012 年《年度报告》还要求披露其经营成果、财务状况、现金流和未来发展战略等，但上述要求在 2015 年《年度报告》中又予以删除。2012 年《年度报告》增加了披露公司上市以来主营业务变化情况和历次控股股东变更情况的要求，这在 2015 年《年度报告》中又予以删除。

第二，披露内容的深度问题。同样一个项目披露到什么程度，即广度和深度如何把握并没有一个清晰的定位。这表明规范的制定者对于项目披露所要达到的目的和试图取得的效果并无明确认识，导致同样的项目披露深浅不一，从而令公司和投资者无所适从。例如，关于相关主体的诚信披露要求，2007 年《年度报告》相较于 2005 年《年度报告》规制主体范围扩大，不仅包括公司及其董事、监事、高级管理人员，还包括公司股东、实际控制人、收购人；需要披露的采取措施的机关不仅包括证监会，还有司法、纪检部门及其他行政管理部门。2007 年《年度报告》规定审计委员会、薪酬委员会进行履职情况汇总报告；2012 年《年度报告》规定董事会下设专门委员会在报告期内履行职责时提出重要意见和建议；2015 年《年度报告》则在此基础上又规定存在异议事项的，应当披露的具体情况。

第三，披露内容的规制方式问题。同样一个披露项目，在有的年度规定为强制性披露，在有的年度则规定为倡导性披露。这表明，规范的制定者一方面对于公司的披露实践和效果没有进行考察分析，另一方面对于相关内容披露的外部性效应没有充分认识，导致披露效果不尽如人意。例如，2007年《年度报告》规定"公司可以披露主要业务的市场变化情况、营业成本构成的变化情况"，而在2012年《年度报告》中则强制要求"公司应当按行业或产品披露本年度成本的主要构成项目（如原材料、人工工资、折旧、能源）占总成本的比例情况，并提供上年同口径可比数据，如无法取得可比数据，公司应当说明原因"。对于新年度经营计划的披露最为典型，2001年《年度报告》规定应当披露，2002年《年度报告》则修订为可以披露，2005年《年度报告》又改为应当披露。对于高级管理人员的考评机制，以及激励机制的建立、实施情况亦是如此，2012年《年度报告》规定应当披露，而2015年《年度报告》则修订为鼓励披露。

第四，披露内容依据的协调问题。年报内容与格式准则由证监会制定实施，但并不意味着披露的具体内容都由证监会规定。由于上市公司作为一个经济主体还受其他政府部门直接或间接地管理监督，而年度报告内容丰富多样，其具体依据亦呈现多元化特征，处理不好极易使披露内容有冲突或降低信息披露的效果。可能涉及的依据协调包括这些方面：非财务信息规则与财务信息规则之间的协调；会计准则与资本市场财务信息披露规则之间的协调；不同监督管理部门之间的披露要求等。

结合《招股说明书》的规定，《年度报告》呈现如下特点。

第一，关于公司基本情况、业务与技术等方面，《招股说明书》要求披露得更全面、更详尽。如招股说明书需披露行业的整体竞争状况、主要企业和主要企业的市场份额，而《年度报告》

对此则不要求披露；对于与日常经营相关的关联交易，《招股说明书》要求披露占当期营业收入或营业成本的比重，而《年度报告》则对此没有要求。

第二，《年度报告》更注重年度内的增量信息，《招股说明书》则注重相应内容的历史变化信息。相较而言，《招股说明书》要求披露的项目更多，相同项目披露的深度更大。例如，对于关联交易，相比《年度报告》，《招股说明书》还要求披露"关联交易对其财务状况和经营成果的影响""拟采取的减少关联交易的措施"等。

第三，《年度报告》似乎更强调自愿性信息披露，而《招股说明书》更侧重强制性信息披露。这或许是基于公司为首发上市成功，从而有动力披露自己的竞争优势和特点；或许是基于历史性、合规性信息更易于监督检查等。例如，同样是"公司治理"章节，《招股说明书》要求披露三会设置、是否存在违法违规行为、内控完整性等事项，而《年度报告》则"鼓励公司详细披露报告期内对高级管理人员的考评机制，以及激励机制的建立、实施情况"。而且，《年度报告》更侧重于履职情况的相关披露，体现了希望为投资者提供增量信息的目的。

第四，《年度报告》仅概括要求公司应当披露审计报告正文和经审计的财务报表，《招股说明书》则单列"财务会计信息"一节提出财务信息的编制及披露要求，而且突出分析性的披露要求，如需要披露最近三年及一期的流动比率、速动比率、资产负债率（母公司）。这或许是因为经过券商的尽职辅导，公司上市的法律障碍一般都已经解决，唯有财务信息的真实性及持续盈利能力等需要进一步审核判断。

第五，《年度报告》要求的披露信息更符合"持续性信息"

的特征。例如，其股利分配政策的披露要求比《招股说明书》更详尽，以体现持续引导公司积极回报投资者的理念；而对于风险因素的披露，虽然两者的披露要求并无实质性差异，但由于公司已在年度经营中持续地按相应规定进行了披露，因此其年度报告中披露的内容反而相对简略。另外，对于同业竞争和关联交易，《招股说明书》将其单独成节，以便于投资者在初次判断公司价值时集中阅览，而《年度报告》则将同业竞争相关内容调整到"公司治理"一节、关联交易相关内容调整到"重大事项"一节中予以披露。

《年度报告》和《招股说明书》的起草部门和审核部门不同，因此两者在衔接上存在一些问题，具体表现如下。

一是相同项目披露依据及划分标准不统一。例如，对于关联交易，《年度报告》依据的是《中华人民共和国公司法》(以下简称《公司法》)、《上市公司信息披露管理办法》等，分类披露与日常经营相关的事项、资产或股权的收购和出售、公司与关联方的共同对外投资、公司与关联方的债权债务往来或担保等。《招股说明书》的依据则是《公司法》《企业会计准则》，按经常性和偶发性分类披露关联交易。

二是有些披露项目不具有连续性。总体而言，招股说明书披露的广度和深度较大，但在哪些项目及披露深度上继续在年度报告中予以披露似乎并未予以仔细考量。例如，《招股说明书》中有"发行人应披露拟采取的减少关联交易的措施"的规定，但《年度报告》中却未见后续措施的披露情况；《招股说明书》要求披露"董监高"、核心技术人员及其近亲属以任何方式直接或间接持有发行人股份的情况，而《年度报告》对此则仅限于"董监高"人员；《招股说明书》要求披露"董事、监事、高级管理人员及核心技术人员的其他对外投资情况"，《年度报告》则没有相关要求，仅是在公司与他们对外投资的公司有交易时，要求通过关联交易的方式间接予以披露；《招股说明书》要求披露核心技术人员在供应商或客户中所占权益、主要成果及获得奖项、从发行人及其关联企业领取收入的情况、兼职情况及所兼职单位与发行人的关联关系、与"董监高"及相互之间的亲属关系、作出的重要承诺等，《年度报告》则均未规定相关要求。

上述这些问题，无论是从《年度报告》准则规定分析而来，还是从《年度报告》与《招股说明书》披露准则的对比分析而来，都是法律文本规定层面的，如果再考虑执行实践中出现的问题，可能会呈现更多类型的问题。要彻底解决这些问题，不能仅就事论事，而应当分析背后的原因，从宏观上建立年度报告披露的合理框架，在实践基础上逐步修订完善《年度报告》。为此，需要依次讨论分析以下三个问题：首先是年度报告的披露定位，这为年度报告披露内容提供原则指导；其次是年度报告的规制调整，这为年度报告披露内容提供协调统一的法律基础；最后是年度报告的具体编制，这为年度报告披露提出具体建议。

二、年度报告披露的法律定位

年度报告是持续披露文件的重要载体，比较全面地涵盖了公司的重大事项。同时，各国证券法律都要求年度报告中的审计报告和财务报表需要会计师审计，还需要公司的有关人员签字保证披露信息的真实、准确、完整。因此，年度报告的可靠程度较高，有利于提高市场透明度。

相较于其他披露文件，年度报告的内容特征如下。

首先，与招股说明书相比，年度报告内容简化。招股说明书内生于向公众销售证券的特殊环境，主要目的是促进资本形成。

由于招股说明书的披露是一次性的，且新股必须在短期内发行完毕，因此发行人、受要约人和中介机构之间的利益博弈更加直接和激烈。在此背景下，招股说明书历来受到普遍重视，作为防范内在风险的有益工具予以特殊设计，披露内容时间跨度长、涵盖范围广、程度要求高，比年度报告提供了更多有助于投资判断的重要事实，构成公司持续披露的基础。例如，美国 S-K 条例虽然统一了 IPO 和持续披露的项目，但对于同一个披露项目，招股说明书的披露深度和广度要求更高，相应的法律责任亦较为严格。在 United States V. Simon 案中，会计师遵守了 GAAP，但是最后也承担了刑事责任。年度报告则立足于提供本年度的增量信息，着重于披露本年度已经或正在发生的重大事项或交易，无论是篇章结构还是具体披露内容都呈现简化集中的特征。我国招股说明书和年度报告由于定位不同，各自特色内容呈现差异。例如，前者强调风险揭示、发行概况、募集资金使用等，后者则突出承诺履行、内部控制报告、是否有退市风险等，但就相同的披露项目而言，后者披露的广度和深度明显较低。

其次，与其他持续披露文件如半年度报告、季度报告相比，年度报告披露内容又较详细。半年度报告、季度报告是在信息披露及时性和全面性之间进行妥当平衡后的产物，着重于当期发生的重大变化及财务状况和经营成果披露，更多强调已发生或正在发生的事实。年度报告除确认分季度披露的情况外，还通过管理层讨论与分析发挥预测功能。同时，年度报告比半年度报告披露了更多已发生或正在发生的事实，对披露项目和披露深度的要求都比较高。在披露项目方面，例如重大事项的披露范围，前者比后者多了资金占用情况，暂停或终止上市相关情况，公司及其控股股东、实际控制人的诚信状况。另外，公司治理、环境保护、社会责任等长期性事项，频繁披露并不能提供有价值的增量信息，反而极易形成信息噪音，因而以年度为单位进行披露比较合适。在披露深度方面，例如同样是披露主要子公司、参股公司情况，前者要求参照上市公司管理层讨论与分析的要求予以披露，后者则确立了"不披露即解释"的披露原则，以缓和披露信息全面性和保护公司商业秘密之间的紧张关系。

最后，与临时公告相比，年度报告主要发挥确认功能。证券法律法规一般都对临时披露事项和披露时限作出明确规定，目的是保证信息披露的及时性，在一定程度上缓解了不同投资者之间获取信息的不平等性。年度报告则基本涵盖了当年度临时公告的相关事项，发挥了事实确认的功能。

从某种程度上说，年度报告是对其他形式报告的扩展和确认，是投资者作出投资决策的基本依据，有其独特的披露定位：一是披露信息构成一个集合性信息。这意味着，其中某一项信息并不一定能单独构成投资者决策的主要依据，投资者可能需要根据年度报告整体信息作出综合判断；同时也意味着年度报告需要提供基本信息，还需要提供判断公司价值的深度信息等。二是披露信息集中于新增信息。由于前一期间的信息已经反映到证券价格中，因此当期定期报告内容应当限于新的特定信息，这将有助于投资者集中于他们需要的信息以理解最新活动和经营成果，这些披露内容包括精选财务数据、财务报表及管理层薪酬。三是强化非财务信息、前瞻性信息披露。如此才能使投资者通过阅读定期报告，理解业绩背后的驱动因素，并据此作出自己的合理预测。四是强调披露的逻辑一致性及各项之间的整体关联性。年度报告应当以一种有意义的方式方法整合相互独立的企业战略、业绩表现、市场状况和风险因素，呈现相互之间的内在联系，便于投资者充分评估现在或未来公司创造价值的可能性。五是披露信息多由第三方验证并由此增加可信度。在监管部门不对信息披露质量背书的情形下，为增强投资者对信息披露的信赖，年度报告进一步强化了由独立第三方验证信息的机制并予以披露。例如，对于上市公司就其财务报表等相关内部控制制度的有效性，向审计师施加评价义务；再如，由于技术复杂，会更多地寻求相应领域专家的意见作为解释特定事项的一部分。

三、年度报告内容与格式的规制现状

规制年度报告内容与格式的权力从形式上分析只由证监会享有，但从实质上分析却涉及不同的法律规范、不同的规制部门。

规制年度报告内容与格式的法律有《中华人民共和国会计法》（以下简称《会计法》）、《公司法》及《证券法》。规制年度报告中财务信息披露的基础法律规范是《会计法》，但是并非所有公司财务方面的问题都能由《会计法》解决，有些事项事实上属于《公司法》规范的内容。例如，公司利润问题就属于《公司法》传统的规制领域，是资本维持原则的体现，而非单纯的会计技术事项。在我国，利润分配标准和程序一直是《公司法》的规范内容。由于《公司法》规则过于简略，一些会计规范便对公司利润分配事宜作了详细规定[1]，但这不能替代《公司法》成为利润分配法源的本质规定。同时，年度报告作为持续信息披露的重要载体，当然要受《证券法》信息披露条款的规制。

有关部门规章、规范性文件有《企业会计准则》《上市公司

---

[1] 刘燕：《从财务造假到会计争议：我国证券市场中上市公司财务信息监管的新视域》，载黄红元、徐明主编《证券法苑（第七卷）》，法律出版社，2012。

信息披露管理办法》等。我国企业会计准则体系包括基本准则、具体准则和应用指南。基本准则作为主导，对企业财务会计的一般要求和主要方面作出原则性规定，为制定具体准则和会计制度提供依据。具体准则是在基本准则的指导下，处理会计具体业务标准的规范。具体内容分为一般业务准则、特殊行业和特殊业务准则、财务报告准则三大类。《上市公司信息披露管理办法》是上市公司信息披露的总章程，对包括年度报告在内的信息披露作出明确规定，是其他信息披露规范的母法。另外，还有财政部门的《企业会计准则解释》《企业会计准则—应用指南》《做好执行企业会计准则的企业年报工作通知》等；证监会的关于信息披露的指引、相关问题的问答等。沪深证券交易所发布的年度报告通知、中国注册会计师协会发布的做好年报审计工作的通知等也在披露实践中发挥了重要作用。整体而言，我国目前已经形成了一个相对完整的年度报告披露规则体系，其架构整体脉络较为清晰，取得了一定的效果。

与此同时，年度报告披露制度也存在一些不足之处。

第一，效力冲突问题。《证券法》明确了证监会对上市公司的监管权，包括对上市公司编制、披露及注册会计师认可的财务资料的检查监督权；而《会计法》则将会计准则制订权赋予了财政部，其享有的会计准则解释权是证监会行使会计资料检查监督权的一个不可缺少的技术支撑。这种技术支撑通过上述多种规范性文件体现出来时，它们之间的相互关系不甚明确，执行效力也存在含糊之处。特别是当出现不同文件对同一会计事项处理不一致时，如何解决效力冲突就是一个很现实的问题。另外，在证监会层面，年度报告的编制事项涉及内容和格式准则、编报规则和解释性公告等不同层次的规范，这些规范侧重点不强，内容交叉重复，未逐层细化；同一层次不同规则之间、不同层级的细化规定之间仍有不一致的地方。

第二，不同部门规制重点的协调问题。财政部门、证监会及其相关系统单位、中国注册会计师协会等，都实质上对年度报告内容产生或大或小的影响，但基于不同部门或单位的职责定位，其关注年度报告内容的角度呈现显著差异。财政部门着眼于会计准则的理解与适用，对于诸如会计政策和会计估计变更、资产减值（包括商誉减值）、合并财务报表编制时关于"控制"的理解和统一会计政策等问题，作出统一的规范与解释。虽然这不是直接针对年度报告披露内容，但遵循其要求而作出的会计处理自然构成了年度报告信息披露的内容，而且构成了年度报告财务信息披露中的重要部分。中国注册会计师协会则强调会计师事务所的质量控制体系建设，规范注册会计师执业行为，提升上市公司年度报告审计工作质量。证监会作为年度报告披露的主管部门，从会计准则、审计准则和内部控制三个方面对年度财务报表的编制、审计和披露工作作出了明确要求，旨在督促上市公司和会计师事务所切实做好财务报表的编制、审计和披露工作。沪深证券交易所每年发布的做好上市公司年度报告披露工作的通知，则对年报披露提出了多方面的要求：有的对年度报告准则内容进行强调和重申，如对现金分红政策及其实际执行情况的披露；有的增加披露要求，如要求特殊行业公司按照已经制定的行业信息披露指引作出额外披露；有的对于披露事项提出程序性要求，如公司披露内控报告、内控审计报告的，要求董事会分别单独进行审议，并在交易所网站以单独报告的形式披露；有的将已有的监管公告内化于年度报告披露要求之中，如《上市公司监管指引第2号——上市公司募集资金管理和使用的监管要求》（证监会公告〔2012〕

44号）规定的会计师事务所出具年度募集资金存放与使用情况鉴证报告。其他有关政府部门对公司另有规定的，公司在编制和披露年度报告时也应当遵循其规定。例如，环境保护部门对于重污染行业的上市公司及其子公司，要求按照《中华人民共和国清洁生产促进法》《环境信息公开办法（试行）》的相关规定披露主要污染物达标排放情况、企业环保设施的建设和运行情况、环境污染事故应急预案以及同行业环保参数比较等环境信息。

上述部门规制的重点不同，规制外延有时并不明确，可能会产生一些不协调的地方。例如，年报财务信息规则有基于会计准则制定的，有基于证监会监督管理资本市场制定的。会计准则规范的确认和计量要求是财务信息披露的基础；同时"点面结合"，证监会又制定了一些财务信息要求，以更契合资本市场投资者的决策需要。例如，在2014年《年度报告》修订过程中，根据会计准则的变化，新增了相应的内容，主要包括职工薪酬、其他金融工具、其他综合收益及终止经营等；在整合原规则相关规定的基础上，调整结构，新设了"合并范围的变动""在其他主体中的权益""与金融工具相关的风险"和"公允价值的披露"等章节。这些变化中的个别细节规定可能存在与会计准则精神或要求不协调的地方。

四、年度报告内容与格式的规制建议

我国年度报告从制定伊始即借鉴成熟市场国家的经验，突出对报告期内财务状况和经营成果的分析，目的在于帮助投资者了解和把握公司。然而，年度报告的相关规制经过多次修订，仍然未保证向投资者充分披露其所需信息，这一问题的根源不在于规则本身，而在于公司执行准则不到位及监管部门监管政策存在偏

差。因此，笔者提出以下 4 点建议。

（一）进一步厘清会计准则制定权和监管权的关系

在会计类法律规范的适用上，经过凯立案之后多年的磨合，特别是在 2006 年之后我国证券市场基础制度建设有了突破性进展的背景下，证券监管部门对于与会计准则制订者之间的合作采取了更为积极的态度。这一立场反映在证监会发布的第一份会计监管报告——《上市公司年报会计监管报告（2007）》中，其规定：根据发达资本市场的成功惯例，强化监管机构对会计监管个案的认定权，既可以在会计准则有明确解释前达到规范市场财务信息披露行为的目的，又可以为准则的解释和进一步完善积累足够的监管经验和案例。自此之后，证监会创造性地将会计监管权具体化为一系列的操作步骤，包括会计监管个案认定、明确会计监管标准、统一监管口径等。以此为出发点，我国资本市场中会计监管权和会计主管权的良性互动有了新的进展[1]。虽然从目前来看，两个部门之间的协调配合已经没有突出的法律障碍，但在具体衔接配合上还须予以进一步完善。另外，还需要系统梳理、整合不同法律、规范性文件的规定，进一步增加年度报告规则的协调性，减少冲突和矛盾，形成层次分明、各有侧重的年度报告规范体系。

（二）强调重要性原则，减少冗余信息

年度报告信息冗余似乎是普遍现象，例如安永会计师事务所追踪了 1992 年至 2011 年的 20 家国际知名公司的年度报告，发现在近 20 年间，管理层讨论与分析由 12 页增加到 48 页，所占

---

[1] 刘燕：《从财务造假到会计争议：我国证券市场中上市公司财务信息监管的新视域》，载黄红元、徐明主编《证券法苑（第七卷）》，法律出版社，2012。

94

页码增长 300%；财务报表附注由 17 页增加到 69 页，所占页码增长约 306%。我国也不例外，近 20 年来，年度报告的强制披露项目数量稳步增长、披露深度稳步提高，呈现不同程度的冗余现象，具体表现如下。

一是某些披露要求增加了不必要的成本却未向投资者提供相应的价值，这些信息披露要求的目的已经达到或者变得不再重要，但是在年度报告里仍然予以披露。

二是投资者能够很容易地从其他渠道获取的信息仍然在年度报告中披露。目前，投资者不再完全依靠证监会文件获取公司的所有信息，但现在的年度报告却仍然提供近乎全面的信息。

三是现在的年度报告披露要求基本上是按照制造类企业制定的，有些披露要求不适用轻资产或服务类公司，但在一般情况下也得按照该准则要求予以披露，如资产负债状况，这就显得多余，因为对该类公司而言并不是判断企业价值的一个重要因素。如果一项披露不具有普遍性，最好是通过特定的原则导向的披露要求来实现。

四是单纯的重复内容。几乎所有公司在年度报告中都存在某种程度的剪切—粘贴式冗余。例如，关于业务描述，其中相当一部分在管理层讨论与分析、财务报表附注及风险因素中重复。从数量及冗余角度来说，这种信息重复会分散注意力。年度报告越长，中小投资者越难以达成投资意愿并且短期交易的利润就越少。当文件长度增加时，中小投资者减少交易，这与年度报告提供信息增进投资者知情决策的初衷背道而驰。

为解决上述问题，首先，应按照实质重于形式原则确定重大性披露信息。何为重大性没有一个明确的标准，总有一些灰色区域。界定重大性时将单一的数量标准适用于所有公司是不合适的。

因此，应当加强公司董事会在重大信息认定与披露中的责任，从投资者的视角披露其需要的决策信息。特别是针对实务中重要交易信息披露不足的问题，应当继续根据实质重于形式原则，要求公司充分披露具体交易情况、相关专业判断依据以及与之相关的具体会计处理。其次，应减少重复。2015 年《年度报告》或者是参考了《招股说明书》的要求，新增加了"公司业务概要"一节，侧重于事实描述。其与侧重于未来趋势分析的管理层讨论与分析在披露要求上并无重复，但在披露实践中重复较多，需要从公司执行层面大力减少重复内容。最后，应删除过时信息。公司及其代表应当定期评估披露文件以决定其中的项目对投资者而言是否仍具有重大性，如果不具备重大性并且没有被要求，这些信息就应当被删除。信息即使是因为回应证监会监管人员要求而包含在之前的文件中，一旦它们不具有重大性或已经过时就应当予以删除。

（三）强调个性化披露，提供更具有相关性的内容

现行会计准则及相关会计处理规定是原则导向的，以广泛适用于各类经济业务。上市公司须根据准则的原则性规定，选择与其自身实际生产经营特点相适应的具体会计政策，否则难以向投资者提供有利于其进行投资决策的财务信息。然而，部分上市公司披露的会计政策依然照搬、照抄会计准则的原则性规定，未反映企业业务特点。

一是会计政策披露过于原则化。（1）研发支出资本化政策的披露过于原则，如部分医药行业公司对内部研究开发支出资本化的会计政策照搬无形资产会计准则的原则性规定，未根据自身业务模式进行个性化披露，无法让报表使用者了解公司研发流程及其主要阶段，从而也无法合理判断公司研究开发支出资本化是否

适当。（2）收入确认的披露过于抽象。就土地一级开发业务收入、网络视频公司影片版权互换业务收入、网络游戏业务收入等而言，报表使用者对于公司的业务模式并不熟悉，如果缺乏具体、有针对性的收入确认政策，很难理解并预测公司未来的收入情况。

二是报表附注中营业范围的披露流于形式。企业会计准则及《公开发行证券的公司信息披露编报规则第 15 号——财务报告的一般规定》均要求公司披露业务的性质和主要经营活动，但部分上市公司直接照搬营业执照的经营范围，很难使报表使用者清晰地理解公司实际从事的主要经营活动的具体类型和特点。

三是部分附注信息的内容过于简单。例如，有些公司的其他无形资产占无形资产总额的比例超过 50%，但未对其内容予以进一步的细分说明。公司应就自身情况披露个性化、具体化的信息，提高信息的决策有用性。为解决这些问题，可采取如下措施。

第一，继续出台行业披露指引并加大监管力度。秉持循序渐进的原则，采取由试点到推广、在实施中逐步调整完善的分阶段方式，推动沪深交易所制订更多具有代表性的行业披露指引，尤其是加强对新兴行业的价值与机遇、风险与不确定性等信息的披露，形成弹性的规则体系。同时，监管部门应督促公司加大行业性信息的披露力度，无论是财务信息、非财务信息还是前瞻性信息，都应当结合公司自身实际披露，避免模版化。第二，进一步完善相关披露规则。增加对展现公司核心资源、核心竞争力、风险因素、研发投入等非财务信息的披露。强化对研发失败、人才流动、募投项目不及预期等对公司业绩有重大影响的风险披露等。

（四）统筹协调财务与非财务信息，提高披露一体化程度

非财务信息具有前瞻性和非货币性等特征，与财务信息相互

补充，可以增强信息使用者对公司财务状况和经营成果的理解。非财务信息与财务信息不一致，将使投资者对整体信息披露产生怀疑，并影响投资者作出正确决策。财务与非财务信息披露的矛盾如下。

一是财务信息与非财务信息没有执行相同的标准，缺乏统一衔接，致使相关的内容前后披露不一致。例如，部分上市公司非财务信息中披露产品销售价格和数量均大幅下滑，但同期计提的存货跌价准备却不升反降；又如，部分公司财务信息与非财务信息披露的重要性标准不一致，在财务信息部分披露的重要非全资子公司，却没有在非财务信息部分的主要子公司、参股公司分析中予以披露。

二是与同一交易或事项相关的信息分散披露，财务信息披露的整体性不强。一些复杂交易或事项的会计处理结果通常影响多个报表项目。以当期授予职工限制性股票为例，部分公司通常披露本期授予、行权、失效和发行在外的权益工具的总额，授予日公允价值的确定方法，当期确认的费用总额等，但是该交易涉及发行股票、股权激励费用、回购义务、递延所得税等事项，财务报表的股本、资本公积（包括溢价和其他资本公积）、库存股、递延所得税资产、其他流动负债、管理费用等各个项目。多数公司在各个涉及科目的附注中披露该股份支付交易对于该科目的影响，而不将所有涉及科目的影响汇集在股份支付附注中披露。

三是内控审计报告、内控评价报告与年度报告中财务和非财务信息的内容不一致。（1）内控审计报告与年度报告信息不一致，如某上市公司员工冒用公司名义向自然人提供借款，公司接到违约仲裁后发现该事项并予以披露，但内控审计报告仍为内控有效的标准意见，未说明存在的重大缺陷及其对内控审计意见的影响。

（2）内控评价报告与年度报告信息不能相互印证，如年度报告中披露的明显符合内部控制缺陷认定标准的事项或情况（资产权属不清，或登记在股东或关联方名下；对大股东和第三方外提供担保余额超过合并报表净资产100%等），在内部控制评价报告中却未予以充分考虑，并未认定为内部控制缺陷或未予以说明。

为有效整合年度报告中的财务信息与非财务信息，需要采取以下措施：首先，继续删除监管规定、审计规定等与财务报告信息无关的内容。其次，要求公司将同一个交易对财务报表的影响在同一个附注中说明，而其他附注均索引该附注，方便报表使用者全面理解该交易对财务报表产生的整体影响。最后，强化内部控制信息披露。就上市公司的内部控制缺陷认定标准而言，不仅要披露定量标准，还要披露定性标准；要严格区分财务报告内部控制缺陷认定标准和非财务报告内部控制缺陷认定标准；要恰当地确定上市公司用于认定重大缺陷标准的基准。

第四节　临时披露的法律规制

一、临时披露的法律定位

从整个信息披露制度的发展历史来看，大体而言是先有对定期披露的规制再有对临时披露的规制。例如，最早对信息披露进行规制的英国公司法主要就是对公司向股东报告的定期披露作出规定。其后，由于公司经营环境的日趋复杂且影响公司股价的因素增多，投资者群体结构日趋多元化且对信息的需求更加强烈，股票在证券交易所的流动性日趋频繁且对信息的反映更加敏感等，临时披露的重要性逐步提高，并成为证券法律规制的一个非常重要的方面，而且由此还发展出禁止内幕交易等相关法律制度。

从临时信息披露制度的发展历史来看，其呈现以下特点和趋势。

一是要求披露的临时事项逐渐增多，呈现"棘轮效应"。这一特点从上述我国年度报告重大事项的披露中也可发现。披露项目由财务信息扩展至非财务信息，由历史信息扩展至前瞻性信息，由定量信息扩展至定性信息。临时披露事项与日俱增，却很少删除一些过时的信息披露规定，造成信息冗余。

二是定期披露事项向临时披露事项转移。定期披露是集合性信息，体现的是全部信息对评价公司的支撑作用，其需要披露的项目和内容详尽细致，但相比于临时披露时效性较差，因此某些股价敏感信息就由定期报告转移到临时公告中。例如，就美国证券法而言，未登记股票交易、股东权益的重大修正或变更两项本属于定期报告的披露项目，而美国证监会认为未依1933年《证券法》登记的股票交易，对于了解公司的资本结构或是股权分布情况十分重要，而有关证券持有人所享权益的重大修正更是投资者关注的重点，因此将其纳入临时披露范畴，以更好地保护投资者权益。

三是临时披露的时限逐渐缩短。对于披露及时性的要求越来越高，披露的时间点提前。

四是从临时披露义务主体来看，对于具有信息优势的主体施加了高度的临时披露义务。并不是所有的重大信息都需要披露，也不是需要披露的信息都应当及时披露。但公司"董监高"或大股东等主体本身处于信息生产和发布的核心地位，掌握了大量的未公开信息，处于一个评估公司价值的最佳地位，因此"董监高"

等具有信息优势主体的具体行为是他们经过评估所有公开或未公开信息之后作出的。其行为是投资者判断公司价值的一个重要且直观的尺度，因此，成为临时披露制度的规制重点。同样，规制对于影响公司控制权的事项施加了较高的信息披露义务，如要约收购人及其他影响公司控制权的事项、征集投票代理权人，这些信息因从定性角度被视为重大而必须披露。

五是临时披露事项的最终确定体现了管理层商业判断原则。《公司法》规定了商业判断原则，在证券法上，信息披露体现为不过度干预管理层日常经营管理行为。正是因为确认了这些利益，所以监管部门对于定期报告规定了全面的披露事项，但同时在临时披露上赋予管理层很大的自由裁量空间。即便是强制披露项目，管理层亦有自主判断的空间，最明显的就是在认为披露会损害上市公司利益或实际上有损投资者利益时，管理层可以依据"不披露即解释"原则而不予披露。

根据上述趋势和特点，我们可以进一步界定临时披露的法律定位，从而更好地予以规制。首先，及时性、公平性要求更高。相比定期披露，临时披露的及时性和公平性体现得更为明显，往往要求相关重大事项发生后立即予以披露，并确保所有市场主体公平地获取信息。定期披露虽然也应符合及时性和公平性披露要求，但披露期限较长，而且许多信息在定期报告披露之前，投资者已经通过其他途径获知，因此公平性获取在定期披露中体现得并不特别明显。其次，重大性要求更高。重大性标准更多体现在临时披露方面。由于定期报告是集合性信息的载体，具体到某一信息是否重要时还须结合其他定期披露信息一并判断，而临时披露更多的是就单一事项作出是否重大的判断并决定予以披露还是不披露。而且，在某种程度上，临时披露对投资者而言具有的短期投资价值更多一些，定期披露对投资者而言具有的长期投资价值更多一些。因此，在投资者以散户为主的市场中，临时披露的重要性更强一些。最后，公平保护投资者和维护市场效率之间的妥当平衡要求更高。临时披露具有更强的时效性，披露事项往往对上市公司股价造成重大影响。同时，临时披露事项的法定披露时间更为短暂，使上市公司在处理相关公告、披露事实时，面临更大的压力，这在有些披露事项并不是公司所能掌握的情况下更为明显，极有可能造成市场的寒蝉效应而不利于经济活动的进行。因此，临时披露更需要在公平保护投资者与维护市场交易效率之间取得平衡，防止出现顾此失彼的现象，影响其功能的有效发挥。总之，临时披露实际上更为复杂，虽然强制披露项目向公司施加了一般的积极披露义务，但由于至今没有建立一套程序确保无论是好的还是坏的信息都能够迅速地披露，因此面临的问题更多，需要进一步评估披露项目和认定标准，从而更好地规范临时披露制度。

二、临时披露项目的规制方式及认定程序

（一）临时披露项目的规制方式

需要披露的项目是重大信息，而在证券法上还有一个概念是内幕信息。在具体探讨对披露项目的规制之前，需要先厘清重大信息和内幕信息两者之间的关系。大多数国家和地区一方面规定了重大信息需要临时披露，另一方面又规定了内幕信息保密和禁止交易规则。例如，我国台湾地区所谓"证券交易法"第36条第2项第2款规定，重大信息是对股东权益或证券价格有重大影响的事项；该文件第157条之一第4项则将重大信息界定为涉及

公司的财务、业务或该证券的市场供求、公司收购，对其股票价格有重大影响，或对正当投资者的投资决定有重要影响的消息。在规制客体方面，上述两个条文都认为重大信息包括对证券价格有重大影响的事项。但就受影响的主体而言，前者仅从对股东权益有重大影响的角度界定，而后者则进一步从影响投资者投资决定的角度予以界定。易言之，后者界定披露事项需要从哪些主体出发予以考虑时，除了前者所认定的现有股东外，甚至还包含尚未持有股票的潜在股东，涵盖主体范围更广，原因在于其规范目的是防止内幕交易。总体而言，重大信息与内幕信息在概念上应属相当，一个明显的例证是新加坡证券暨期货法上没有关于重大信息的单独规定，仅将内幕交易行为人所知悉的重大信息，定义为非一般人可获得或对于证券的价格或价值产生重大影响的信息，此举采取了二合一的立法技术。

但是，重大信息与内幕信息毕竟是两个概念，对此，合理的解释可能是两者规制的目的和角度不同。一般意义上的重大信息，从保障投资者知情权的角度，侧重于及时披露要求，而且主要是面向现有股东；而内幕信息在未发展成熟时虽然亦符合重大性标准，但由于可以适用豁免披露或暂缓披露原则，因此可以不必及时披露，其主要目的是更好地平衡投资者包括潜在投资者与公司商业利益之间的关系。同时，为保证投资者获取信息的公平性而创制了禁止知情人进行交易和要求保密的制度规定。就需要临时披露项目的重大信息或内幕信息而言，目前在成熟证券市场国家和地区已无实质性区别。从列举的具体内容来看，大致包括财务、业务经营、重大交易、股份交易、公司治理等重大事项，如有少许区别亦是本国或地区证券市场发展程度、行政管制介入力度以及证券法律监督管理传统不同所致，大都切合了本国或地区投资者的结构构成、信息需求；从概括界定的内容来看，大致包括发行人基本状况、避免发行人证券买卖出现虚假市场情况的信息和从一般投资者角度可合理预期会显著影响发行人证券买卖及价格的信息[1]。

与此同时，如果细加分析，不同国家和地区对于重大信息的披露规则尚存诸多差异。

（1）从规制的法律渊源上分析，基本上呈现由证券法律和自律规则共同规制的特点。但是，由于法律规制传统不同，有的国家主要由监管机构制定重大事项披露内容，如法国金融市场管理局（AMF）规章详细规定了上市公司所应即时披露项目，除内部信息外，还应披露股东持股数量变动、关系人重大交易、内部人资料等，甚至自 2003 年起要求所有在法国上市的公司披露关于环境保护及劳动雇佣方面的信息。而有的国家主要是证券交易所在证券法律规定的原则上进一步细化披露项目，比如日本有关公司重大事项的披露主要由交易所根据有价证券上市规程进行规制。

（2）从规制模式上分析，尽管在市场实践中实际披露项目和内容并无显著区别，但证券法律或自律规则层次的规定却存在差异。有些国家与地区，如美国、日本，无论是证券法律还是证券交易所规则规范的事项都较多，涵盖范围也较为广泛。其主要

---

[1] 例如，美国证监会表格 8-K 将应申报事项归类为 9 大项，包括：(1) 发行人的业务及营运；(2) 财务信息；(3) 证券与交易市场；(4) 与会计师、财务报表相关事件；(5) 公司治理与管理；(6) 有资产担保证券；(7) 公开披露原则；(8) 其他事项；(9) 财务报表及附件。韩国则规定了公司财务结构、公司企业经营环境、公司财产、公司债权债务关系、与公司投资及出资关系有关、分配现金 (含分期、期中分配) 有关决定等 13 项事项应予公示。

是采取列举式立法模式将需要披露的重大信息予以明确，上市公司按照规定披露即可。而有些国家与地区，如德国、我国香港地区、新加坡等采取抽象立法方式，仅大致着重于上市公司发生的对证券价格有重大影响情形、重大交易事项、股利分配、关系人间交易等事项，并未对需要披露的项目予以详细规定。上市公司需要根据法规意旨，自主认定足以影响股价和股份买卖或可能导致任何人士在证券买卖上处于有利地位的事件并予以披露，而不是拘泥于披露指引上的各项列举规定。

（3）从披露项目的列示方式上分析，大致分四种类型：一是未进行信息种类划分，仅简单予以列举。二是先将披露的项目分类，再在其下详细规定子项目。例如，美国证监会表格 8-K 先将应披露事项归为九大项，包括发行人的业务及营运，财务信息，证券与交易市场，与会计师、财务报表相关的事件，公司治理与管理，有资产担保证券，公开披露原则，其他事项，财务报表及附件，然后再于每大项之下进一步列举公司应披露的子项目。三是根据不同主体和信息是否可控相结合的标准进行分类。例如，日本有价证券上市规程先依主体区分为上市公司信息、有关子公司信息、未上市母公司信息三类，再依是否为各该主体可控制、决定的性质，区分为有关决定事实的信息（例如发行股票、减少资本）、有关发生事实的信息（例如灾害发生、主要股东变动、提起诉讼或判决）、有关决算的信息（例如业绩预测修正、股利配发预测修正等）、其他信息（例如母公司相关事项披露、终止上市等）。四是根据披露项目结合信息是否可控的标准进行分类。例如，韩国有价证券的发行与公示等相关规程规定公司财务结构、企业经营环境、财产、债权债务关系、投资及出资关系、分配现金等需要作出相应披露。

纵观成熟市场国家和地区对披露项目内容、规制模式、列示方式的规定，可以说并无绝对的优劣之分，都是结合证券市场发展状况和法制传统因地制宜予以规定，目的都是对影响投资者决策的重大信息及时、公平地予以披露。

（二）临时披露项目的认定程序

明确披露项目是临时披露的开始，更重要的是如何将披露项目及时、公平地披露出去。从理论上来说，披露项目都必须具有重大性，然而重大性是一个模糊的概念，以至于绝大部分国家和地区对此都未能下一个定义，而仅是从其结果影响角度给出一个大致的描述。因此，在信息披露实践中，即使法律法规明确界定的重大性披露项目也面临在个案中再行予以认定的过程。对于重大性披露项目的认定，似乎在信息披露的不同阶段有不同的认定主体。在公司初始披露时，公司是最终的决定主体；在监管机构进行信息披露监管时，监管机构也被赋予了重大性的认定权力；而在涉及信息披露的重大诉讼时，涉案信息是否重大则又是法院判决前必须解决的问题。同一个公司的同一项信息面临不同主体的判断，这些判断有时甚至互相冲突，这充分说明重大性的复杂性及其认定程序的多元性。

从成熟市场国家和地区的公司披露实践来看，认定程序大致有五种。

一是明确列举重大披露项目作为认定标准。比较典型的是我国台湾地区，如上文所述，其列出对上市公司财务或业务有"重大影响"的项目，默认为公司会准确完整地理解该项目并按照文件意图予以披露。

二是由上市公司自行认定，但若不确定可咨询证券交易所。

比较典型的是我国香港地区，其认为上市公司的董事有责任和能力根据发行人的业务运营、财务状况等判断哪些事项需要披露，但由于这种判断具有很大的主观性，因此当上市公司对于是否披露存有疑问时，可以咨询香港证券交易所。在董事认为相关事项披露可能损害公司利益时，则应当尽快与证券交易所进行沟通磋商。

三是由上市公司自行认定，但若不确定则直接通过证券交易所披露。比较典型的是新加坡，其规定由上市公司依照《上市规则》去认定哪些信息属于重大信息、应否立即披露。指导原则是：上市公司始终应该考虑，此信息是不是一般预期上市公司应该披露的信息。若上市公司无法确定某信息是不是重大信息或者对豁免披露的信息有疑问，建议的做法是通过 SGXNET（新加坡交易所网站）披露此信息。

四是由上市公司自行认定，但证券交易所拥有审核权。比较典型的是美国，在阐释何谓"重大性"时，均沿用过去案例法中的定义。虽然其宁可保持适度的弹性，拒绝为"重大性"设立明确的判断标准，但其仍列举了企业盈利状况等几种应被认为重大信息的情形，而最终是否对上市公司业务与财务有重大影响，则须由上市公司自行认定，并于披露前 10 分钟送证券交易所审核。

五是由上市公司自行认定，但证券交易所保留补充披露权。比较典型的是日本，其规定由上市公司自行认定信息是否对公司财务或业务有重大影响，但若证券交易所认定其为有必要披露的重大信息，则上市公司必须予以补充披露。

无论采取何种认定程序，上市公司都是认定的初始和重要主体，区别在于公司不能判断某一信息是否属于重大信息时，是否应当由交易所协助判断。对此问题，可以进行优劣分析。若由交易所协助判断，可能面临以下三个劣势：首先，时效性较差。交易所需额外了解上市公司目前所发生的状况，将费时较长。其次，不符合分工原则。上市公司基于公司治理原则本应自行判断对股东与市场的应披露项目与如何披露，若证券交易所帮上市公司判断是否披露或如何披露，一方面造成上市公司依赖证券交易所，另一方面也有损上市公司的公司治理机能。最后，可能导致权责不分。如果证券交易所帮上市公司判断是否披露或如何披露，事后发生披露上的缺失，则有产生责任归属上的困扰或争议的可能性。与此同时，由交易所判断也有相当之优势，由于交易所专司信息披露职责，致力于建立一个良好的信息披露平台，它可以类似事项类似处理，保持不同公司之间披露的一致性和可比性，提高披露信息的有用性。至于在此情形下，上市公司容易形成依赖且导致权责不分的问题，可以通过设置免责条款和加强培训交流等措施予以解决。

临时披露由上市公司进行判断，带来的另一个问题是，如何界定强制披露与自愿披露的划分标准。按照通常理解，所谓强制性信息披露是指法律法规或自律规则等明确要求公司披露的信息，这在采取列举重大披露项目的国家或地区体现得尤为明显。除此之外的即自愿性信息披露。这种划分标准在采取抽象立法原则的国家或地区就不适宜。此时，无所谓强制披露或自愿披露，两者都是公司本身根据及时、公平披露的精神自主决定披露的，更多受制于所在证券市场的披露惯例和市场约束，而不是受制于法律法规等强制性规定。在此情形下，判断一项信息是否属于应披露而未披露就比较困难，需要监管机构或法院综合运用判断重大性的各种因素予以全面考量。

（三）临时披露规制建议

《证券法》及《上市公司信息披露管理办法》是规范上市公司重大信息披露的重要法律渊源。但由于其规定多为原则性、抽象性的，因此证券交易所上市规则及其相关的指引规定了更为详尽且具体的重大信息项目，成为上市公司重大信息披露管理的重要依据。我国证券交易所上市规则规定上市公司应予披露的事项多达 14 类 100 余小项，上市公司的财务及投资信息、资产交易、法律事件、高管异动、股东会及股利分派情形、影响生产及运营的重要事件、董事会的重大决议事项、其他对证券价格或股东权益有影响的情形等均已涵盖在内，几乎已涵盖各国证券市场所规范之范畴，实较国外证券市场所规范者更为广泛。尽管如此，进一步的改进建议如下。

第一，完善披露项目列示方式。就规范项目而言，美国证监会制定的表格 8-K 采用的分类式列举应申报事项的立法技术可供参考。上市公司若发生重大事件，其内部人员在判断其是否应公开披露时，可按图索骥，更有效率地判断此一事件是否属于表格 8-K 所列的项目。目前，我国相关规定多半系列举所有应披露项目，而并未对之进行分类。由于规范内容繁多且复杂，故上市公司往往需要耗费大量人力成本处理披露事项。建议可考虑对规范项目重新归纳整理，参照上述表格 8-K 的立法方式，纲举目张地列出大标题，以节省上市公司判断某一事件是否属于重大信息所需的时间。此外，交易所亦可考虑汇集上市公司适用重大信息披露过程中经常产生的疑问，并针对这些疑问制作披露说明，以便于上市公司遵守。

第二，重大信息认定程序明确为由上市公司自行认定，但证券交易所保留补充披露权。虽然我国采用列举加概括的立法方式对重大信息进行详细规定，便于上市公司和投资者遵行，但信息披露实践中仍然存在不易判断的情形，需要交易所协助判断。目前，我国沪深证券交易所对于大部分公司实行信息披露直通车，交易所由事前审核变为事后审核。因此，在这种信息披露审核模式下，似应借鉴日本模式，即由上市公司自行认定是否对公司财务或业务有重大影响，但证券交易所认定为有必要披露的重大信息，上市公司必须补充披露。

三、保密性重大合同披露的法律规制

重大合同是上市公司法定的披露事项之一，而且一般以立即披露为原则。但是，当重大合同的协商周期较长且内容涉及保密性时，披露与否以及披露时点问题则变得较为复杂，这涉及如何平衡上市公司的商业秘密和投资者权益保护之间的关系处理。例如，万科 A 重大资产重组事项披露从提示性停牌到最终披露重组预案并复牌，历经 8 个月，共发布公告 33 次。其间，万科分阶段披露了资产重组的相关重大进程，这是一个较为典型的案例。从该案例中可以看出，合理确定保密性重大合同的披露时点需要把握以下三个问题：第一，如何确定重大合同内容保密性的认定主体。第二，如何判断保密性重大合同豁免披露或暂缓披露的适用条件。第三，保密性重大合同需要披露时，如何选择适当的披露时点。

（一）保密性重大合同认定主体

如果一个重大合同的内容明确符合相关保密法规的规定，如军工类上市公司涉及国家军事秘密等信息时，比较容易判断；但

如果属于公开披露事项，披露后可能损害上市公司利益的，是否披露以及如何披露就不容易确定。信息披露后是否可能损害上市公司利益，是一个商业判断问题。一般来说，由于公司及其高管人员处于掌握核心信息并判断是否会产生外部效应的最佳位置，因此是否属于保密性合同的认定权力宜赋予上市公司及其高管人员。

在实践中，上市公司为了避免披露重大合同内容而故意签订保密条款的，应如何处理？目前，主要市场证券交易所很少有对于上市公司故意签订保密条款如何认定的相关规定和案例。虽然新加坡证券交易所在其上市规则中述及"上市公司不能因为要避免披露而签订保密条款，亦不得以披露信息将影响其竞争力或不利其业务发展为由拒绝披露"，但并没有针对如何认定与判断上市公司签订保密条款的意图做进一步的说明或举例。考虑到新加坡的上市规则要求公司应当灵活且弹性地应用信息披露原则，上市公司仍然有义务根据自己的判断来决定重大合同是否需要保密。

在市场实践中，上市公司的确有可能发生"为避免披露而故意签订保密条款"的情况，但是否属于故意，需要对相关各方的主观意图进行探究。尽管可以结合有关客观因素予以综合考量，但认定起来仍然十分复杂。设置这一条款的目的在于保护投资者公平地获取信息，因此可以单纯从客观效果来分析是否属于保密性合同。即如果上市公司故意签订保密条款，合同内容处于最严格的保密状态，但是没有引起公司股价异动，那么就不会发生内幕交易或其他损害投资者利益的情形，此时不予披露亦无妨碍；但如果合同内容无法处于最严格的保密状态，已经泄露或存在内幕交易等情形时，那么上市公司就应当迅速对合同内容进行补充披露。

（二）保密性重大合同豁免披露或暂缓披露的适用条件

在市场实践中，确实存在上市公司签订的重大合同内容可能需要暂时性或永久性保密的情形，此时需要考虑的是在保护上市公司商业秘密与维护投资者权益之间取得一个合理的平衡点。对此，成熟证券市场大多明确规定了暂不披露和豁免披露制度，例如我国香港地区、新加坡与美国规定了三种例外或豁免条款，分别为：豁免披露（不需立即披露，未来也不需披露）、暂缓披露（不需立即进行披露，但未来视情况可能需要披露），以及补充披露（未立即进行披露，或于未来补披露）。《证券法》规定了披露事项，但没有规定例外或豁免条款，仅在沪深证券交易所上市规则中有所涉及，不能不说是一个法律漏洞。

公司负有重大信息的一般披露义务，但基于公司利益衡量的考虑，其他法律法规赋予公司相关信息保密权利或披露信息违反法律强制性规定时，公司就可以豁免披露重大合同内容，但要符合如下条件之一：（1）按照投资者的一般预期，不会要求公司必须披露的信息。例如，协议内容属于商业秘密。（2）当披露协议内容违反我国法院所作出的判决或其他任何我国的法律条文。至于上市公司之保密协议或商业秘密是否属于可全部豁免披露或可部分披露，笔者认为上市公司仅应针对保密协议所涉及的范围进行保密，非保密协议所涉及的范围应当依相关规定进行披露。

暂缓披露的重大合同应是所涉信息磋商周期长、外部性特征非常明显的。例如，公司参与公开招标、竞拍类的信息，能否中标、竞拍成功存在不确定性，且如果在开标、竞拍前披露，将对上市公司产生不利影响。又如，在证监会已经处罚的涉及并购重组谈判的内幕交易案件中,有的并购重组谈判过程长达数月,此时如果过早要求公司披露过程性信息,实际上不利于重组各方推进并购进程,并可能导致并购重组流产。此时,上市公司可以选择暂时保密,但要符合如下条件之一:(1)按照投资者的一般预期,不会要求公司必须披露的信息。例如,某项重大合同内容的披露将影响公司追求其发展目标的能力。(2)尚未完成谈判与协商,过早披露相关内容会影响其进程。(3)内容不确定而暂时不适宜公告的信息。

上市公司豁免披露和暂缓披露除了符合上述条件之外,还需要遵守限制交易的规定。基于保密目的而不予公开披露重大合同内容时,公司必须有把握实施最严格的保密机制,使暂不披露与豁免披露状态的重大合同内容处于最严格的保密状态。所谓最严格的保密状态,是指所有已经知悉该重大合同内容的相关人员,都不能出现现行《证券法》第73条、第76条所禁止的内幕交易行为;没有发生泄露消息的情形。所谓泄露消息,指各种媒体报道或传言已载明重大合同的具体交易内容,如合同价值、对象、金额、财务影响;上市公司股票出现异常交易,且无任何该上市公司已公开的信息足以解释此异常交易现象,公司亦无法提出异常交易之合理解释;证券交易所已收到有关上市公司信息外泄的举报信。

(三)保密性重大合同披露情形

上市公司基于保密目的而不予公开披露重大合同内容时,若发生下列情形之一,就必须立即予以披露:(1)重大合同内容已不再符合暂不披露的要件。例如,原属于暂不披露的重大合同,若谈判已完结且达稳定状态,并且对上市公司已具有拘束力,则必须立即披露。（2）重大合同内容不再符合豁免披露之要件。例如，原属于豁免披露的重大合同，若已丧失其原先之商业秘密性质，则上市公司必须立即披露。（3）重大合同内容仍然符合暂不披露或豁免披露的要件，但已违反暂不披露或豁免披露之限制交易规定，即出现现行《证券法》第73条、第76条所禁止的内幕交易行为。另外，若证券交易所认为该重大合同不符合"暂不披露或豁免披露的要件"，且有披露必要时，则上市公司必须依照交易所的指导进行适当披露。

若在重大合同签订过程中有媒体报道相关内容的，建议采取下列三种处理方式。（1）若重大合同仍在协商过程之中，则针对媒体的报道应在"事实发生日"进行披露，此处的事实发生日为签约日、付款日、董事会决议日或其他足以确定交易对象及交易金额之日，以在先者为准。然而，在重大合同并未达事实发生日之前，上市公司可以自愿对外披露。若媒体报道称，合同仍在协商过程中但无具体的内容时，上市公司可以不必披露，即使自愿披露，似乎也是仅对已确认事实进行说明即可。（2）上市公司并不存在媒体所报道的重大合同，即媒体报道与事实不符的，应于媒体报道之日起次一交易日开盘前进行澄清披露。（3）曾有媒体所报道的重大合同，然此合同已终止，即媒体报道与事实不符的，应于媒体报道之日起次一交易日开盘前进行披露。

（四）我国保密性重大合同披露的规制建议

我国应当借鉴主要市场的成熟经验，在修改证券法时明确规定豁免披露和暂缓披露条款。豁免披露和暂缓披露条款建议如下：

依法披露的信息涉及国家秘密、商业秘密，披露可能违反国家保密法律法规或者损害公司利益的，可以申请豁免披露。申请豁免披露的，应当说明豁免披露事项、豁免披露理由和期限。

依法应予披露的信息存在不确定性、属于临时性商业秘密，及时披露可能损害公司利益或者误导投资者的，可以申请暂缓披露。申请暂缓披露的，应当说明暂缓披露事项、暂缓披露理由和期限。

申请豁免披露、暂缓披露的信息应当满足以下条件：（1）有关信息尚未泄露；（2）有关信息知情人已书面承诺保密；（3）涉及的证券交易价格未发生异常波动。

豁免披露、暂缓披露申请未获同意、原因已经消除或者期限届满的，应当及时披露。

在证券法规定上述条款的基础上，沪深证券交易所可以制订或进一步修订《上市公司信息披露暂缓与豁免业务指引》以提供更具有针对性的指导，如对有媒体报道重大合同时如何披露作出进一步的规定。此种情形可以分重大合同仍在协商过程中、上市公司并无媒体所报道的重大合同、曾有媒体所报道的重大合同但已终止等三种情形，并针对每种情形提出细化的披露要求。

四、澄清公告的法律规制

近年来，无论是传统纸质媒体还是网络媒体都蓬勃发展，投资者随时可以通过各种方式获取上市公司的信息。然而，媒体报道内容有分歧且偶有断章取义甚至不实的情形发生，这些都有可能对上市公司股价及投资者的决策产生影响。应要求上市公司澄清或披露何种信息？换言之，需要澄清的信息的重大性如何认定？进而，在认定重大信息的基础上，公司又当如何进行披露？最后，证券分析师的研究报告通常不是澄清公告的信息来源，这一做法是否有进一步商榷的必要？本部分结合我国证券市场的实际案例，对这些问题进行初步探讨。

（一）澄清公告实证分析

此处针对 2019 年 1 月 1 日至 2019 年 6 月 30 日期间 A 股上市公司披露的所有澄清公告进行综合分析。利用 WIND 资讯公司公告高级搜索功能，标题设定为"澄清"，公告类型设定为"全部沪深公告"，证券代码设定为"全部 A 股"，最终筛选出澄清公告共计 163 条。传闻次数统计见表 2-3。

表 2-3　传闻次数统计

来源	传闻次数
《证券日报》	10
《上海证券报》	10
微信公众号、微信朋友圈	9
《证券市场红周刊》	8
东方财富网等股吧	8
《证券时报》	9
《每日经济新闻》	5
《中国证券报》	4
中国经济网	4
《21 世纪经济报道》	3
《北京商报》	3
财新网	3
彭博社	3
《经济参考报》	2

续表

来源	传闻次数
《中国经营报》	2
《华夏时报》	2
《重庆商报》	2
《长江商报》	2
芥末堆网	2
《科技日报》《法制日报》《法制晚报》《江西日报》《兰州日报》《海口日报》《齐齐哈尔日报》《南方周末》《上海金融报》《北京晨报》《信报》《晶报》《时代周刊》《中国出版传媒商报》《中国医药报》等	16
中国政府网、中国新闻网、新华网、四川在线、三湘风纪网、第一财经网、金融界网、全景网络、英国金融时报网、搜狐体育、百度百科、经济之声、山东广播电视台齐鲁频道、晨哨网、医谷网、亿邦动力、雷锋网、金投网	18
英国天空新闻频道、美通社	2
证券交易所问询、投资者及研究机构咨询、公司自查发现错误、其他公司首先公告、合作一方首先公告、网通社刊等其他方式	32

　　从媒体种类来分析，排名前三位的是传统纸质媒体占 73 家次，网络媒体占 37 家次，新兴自媒体占 17 家次，可以看出传统媒体如报纸仍然是传闻传播的重要渠道。值得关注的是新兴自媒体如微信、股吧成为传闻传播的一种重要方式。随着中国企业海外并购的增多，在境外媒体、境外合作方发布的传闻亦呈增多趋势。从媒体定位来分析，无论是纸质媒体还是网络媒体，证券金融类媒体占据主要地位，其他媒体偶有涉及或者事项在其属地内或属于某个行业，呈现偶发性和随机性的特点。从涉及的证券交易所来分析，上交所公司 115 家次，深交所主板公司 35 家次，创业板公司 11 家次。由于统计样本数量所限，无法得出上交所

公司比深交所公司或者主板公司比中小板公司的澄清公告多这一结论。但从上述数据可以看出，规模大、流动性高的公司容易受到媒体关注，也容易被报道相关事项。

澄清公告传闻内容统计见表2-4。

表2-4　澄清公告传闻内容

传闻内容	传闻次数	传闻性质
业务技术、财务数据、经营状况（营业收入目标、盈利预测、区域链技术、锂离子电池隔膜产品、合作方撤资等）	52	利好（25）；利空（27）
资产重组、股权并购	41	利空（19）；利好（22）
保底承诺、产品质量、短融未兑付等	19	利空（19）
重大投资	9	利好（8）；利空（1）
诉讼、担保、诉前财产保全	9	利空（8）；利好（1）
股东减持、举牌	6	利空（4）；利好（2）
定向增发	4	利好（3）；利空（1）
被立案调查、退市风险	3	利空（3）
员工工资、高管变更、高管离职	3	利空（3）
冒用公司子公司注册信息、冒用公司名义发布抽奖信息	2	利空（2）
其他事项（股权激励计划、首发上市、火灾、高管失联等）	13	利空（9）；利好（4）

从表2-4统计的澄清公告的内容可以看出，澄清事项十分庞杂，涉及公司运作的各个方面，其中最为普遍的是关于公司的业务技术、财务数据、经营状况、资产重组与股权并购、违法违规事项、重大投资事项等。这从一个侧面反映了媒体报道的出发点

是揭示公司的投资价值或风险事项，公司予以针对性澄清也体现了信息披露以投资者信息需求为本的理念。如果从媒体报道是质疑或陈述分析来分类，从而简单划分为利好或利空的话，总体看来"利空传闻"远远多余"利好传闻"。利空传闻是以质疑的眼光审视公司。澄清公告中往往会提供增量信息，从这一点来说，利空传闻对投资者全面掌握信息或许是件好事[1]。

表 2-4 统计的澄清公告传闻内容除上述形式的分类外，还可以从定性角度分为流言和不实资料，二者泛指不真实或未经证实的信息，多聚焦在"虚伪不实"与"具误导性、足以使人产生误解"等两大方面。但就字面上解释，流言偏重于现在已发生或可能发生但未经证实或尚未发生而不确定之信息，例如关于正在筹划中且尚未披露的重大事项、公司董事长因住院或年老而被谣传死亡等。不实资料指就事实真相为不实之表示，因此偏重于过去已发生且现在确定之事实，例如在公司公告说明当年业绩比去年同期下降 20% 的情况下，媒体报道为公司今年亏损。

表 2-5　澄清公告类型

类型	传闻与事实不符	传闻涉及已披露信息	传闻涉及筹划中的重大事项	传闻涉及分析	无法判断传闻是否属实	其他
澄清次数	89	43	24	3	11	1

上市公司澄清公告的类型大致可以如表 2-5 所示，分为 6 类。从此可以直观地看出，媒体报道事项在公司已有信息披露中的状态，是已经披露了遭到质疑，还是未达披露标准而处于保密情形，抑或公司本身亦处于被动不知情状态。这种分类的好处在于可以

---

[1] 黄莉：《澄清公告异象、治理失灵与信任危机》，博士学位论文，西南财经大学管理系，2014。

使公司针对报道事项进行针对性澄清，明确澄清要点和方向，提高澄清公告的披露质量。从上表的统计可以发现，有相当比例的报道是根据已经披露的信息或事实进行分析推理，从而得出合理质疑，这在某种程度上说明公司初始信息披露在准确性、完整性、可理解性、一致性等方面仍然存在很多问题。

总的来说，要提高澄清公告的信息披露质量，一方面需要对媒体报道中存在的问题进行梳理，目的是找准澄清公告的着力点；另一方面也要总结公司作出澄清公告时存在的问题，以利于监管部门更好地对其监督管理。客观而言，媒体报道在一定程度上能够发挥监督功能。公司澄清公告往往能够提供大量未公开信息，特别是对于涉及筹划中的重大事项这一类型，通过媒体报道迫使公司及时披露拟议的重大事项，保证了投资者的知情权。例如，有媒体发布《太保金融集团升级战略启程》，称太保产险与百度鹏寰资产管理拟共同出资设立一家公司等三个事项，第二天公司便就报道中涉及的三个事项进展情况进行了说明。另外，通过媒体质疑能够更清晰地看出公司信息披露中存在的问题。例如，有报道称公司锂电池隔膜项目通过了环境影响评价并拟实施，但公司澄清为"后经过论证分析，结合公司自身情况，未将锂电池隔膜项目予以实施"。显然，公司没有将该重要信息及时予以披露，造成了理解上的偏差。

通过对媒体报道的总结梳理，发现存在以下问题：一是关键事实错误或系捏造。有的媒体在报道公司重大事项时，未尽到应有的核证责任，仅凭公司名称相似或历史上与公司有关联或者道听途说而径行作出结论，导致与真实情况有所差异。例如，报道称公司预计 2017—2019 年将实现销售收入快速增长，实际为援引券商分析师研报数据；报道称"特定癌症抗体药物研究进行了一期临床试验，并取得圆满成功"，而实际上是"正式开始临床Ⅰ期用药试验"；报道称公司参与投资设立的基金作为收购方，被报道为公司本身是收购方；报道将无具体出资数额的不具法律效力的备忘录具体明确为双方各自出资 300 亿人民币。二是报道内容基本属实，但以商业吹嘘或足致误导的方式予以表述。对于某些新兴领域，在投资者并无相应的专业知识和经验进行判断时，该类报道极易造成不良后果。例如，对一家拥有区块链技术的公司，有媒体夸大报道称其能够成为"颠覆者"。三是半真半假，迷惑性较强，报道是根据公开资料分析推测或援引个别人士观点。报道公司相关事项时掌握信息不全或逻辑分析有问题，导致真假混杂。例如，有媒体报道公司开展远程问诊药店为真，但进而报道公司"今年将该模式扩张到全国 100 家实体店"为假；在报道公司产能情况时有的属实，有的基本属实，有的不属实。四是分析性报道，前提假设、逻辑分析没有或不合理。例如，万达商业 H 股私有化有新进展，在 H 股私有化完成后，将回归 A 股借壳上海九百或红星发展。五是报道事项信息源故意错误或模糊化处理。为增强报道的可信度，有的媒体在报道中有据公司总经理、公司中层干部介绍等表述，实际上公司高管等人员并没有接受过媒体采访。

对于媒体报道事项，公司需要根据重大性程度作出澄清。实证分析表明，公司澄清公告也存在许多问题，导致澄而不清的现象屡见不鲜，具体表现为：第一，答非所问。没有根据报道事项予以针对性澄清，而是采取迂回方式予以模糊处理。例如，媒体报道的是公司控股子公司刚研发量产 5um（微米）锂离子电池隔膜产品已用在 iPhone 电池上，澄清称目前已建成两条锂离子电池隔膜湿法生产线。第二，明显规避违规事实。在公司违法违规事实无法改变的情况下，通过解释成分公司或员工个人行为来规避披露责任，存在明显不合理之处。例如，对于媒体报道的公司并购事项，公司称"系本公司东北项目部擅自以其本身名义签署，未经本公司董事会授权"。第三，避重就轻或单纯否定。（1）对于媒体报道事项换个角度予以承认，虽事实一样但性质不同。例如，召开股东大会时，董事长指定一名副总而不是副董事长主持会议，这在股东大会公告中未予完整披露。在媒体质疑信息披露违规时，公司仅认为会议存在程序瑕疵，但不影响股东大会的决议效力。（2）有的公司单纯否定报道事项，并未解释说明，如认为公司出厂产品均符合国家标准，均为合格产品，但未解释符合哪些标准等。第四，涉嫌通过澄清公告吸引眼球。有的澄清公告特别是涉及利好消息时，澄清内容与报道事项并无实质区别，如仅是简单重述报道中的药房扩张计划，不排除借此吸引投资者的意图。第五，部分传闻简述不符合证券交易所澄清公告指引要求。如有的没有指明媒体名称，仅表述为相关媒体。上述澄清公告引出两个重要问题：第一，需要澄清的事项或信息有无判断标准。第二，如何才能更好地规范澄清公告。

（二）澄清信息重大性之认定

澄清公告也是信息披露的一种形式，自然也应符合重大性原则。谣言、传闻甚至八卦等虚假或未经证实的信息充斥于人际交往及媒体之中，当影响投资者决策判断或证券市场价格公平时，自有对其进行规范的必要。这种规制既有证券法律上的澄清公告，亦有刑法上的传播虚假信息罪。因此，反过来说，不为市场采信且不影响证券公平价格形成的，亦即不具有重大性的媒体报道自无澄清的必要。

对于哪些媒体报道事项需要作出澄清，美国和新加坡规定，不论报道是否属实，只要是未经发行人证实且已经或可能对股票价格产生影响的，均应立即澄清或披露。在日本，一旦大众媒体报道有可能影响上市公司之合并、业绩修正等重大事项时，上市公司即需澄清披露相关信息。我国香港地区相关文件规定，只要是可能影响公众判断的信息均应披露，并进一步要求已影响证券价格或成交量的信息立即披露。我国台湾地区相关文件规定，对于媒体报道有关上市公司的重大信息，只要属于公开处理程序第2条第1项所规定之各款（共49款），不论报道内容是否属实，上市公司皆应对其报道内容进行澄清与披露。

上述重大性的判断标准或者是股价敏感性标准，或者是投资者决策标准，原则性和概括性较强，都需要在个案中予以具体认定。需要进一步探讨的是，在澄清公告这一类信息披露中是否有具体标准以资指导。答案是否定的，不过结合对上述披露项目的探讨和已有媒体报道实证案例的分析，归纳出以下几点作为判断媒体报道是否重大的参考。

一是披露项目标准。凡是证券法律和证券交易所规定需及时披露的项目，且未经上市公司证实的，默认为符合重大性标准而应当进行澄清。

二是媒体援引消息来源的主体身份标准。如上述案例显示，媒体报道中声称据公司高管介绍时，不论是否确属高管介绍，都因此增加了所报道内容的可信度。该等报道内容如果借掌握大量未公开信息的公司高管、政府官员等人员之口说出，由于投资者和市场对其信任程度较高，对投资大众之决策、标的证券价格的波动，乃至于对市场秩序的破坏，影响程度都较大。例如，有媒体报道某公司重组事项时，援引公司董事会秘书的话称，"理论上可以随时启动重组"。

三是媒体影响力标准。报纸或网站的影响力直接涉及多数人或少数人问题。尽管在网络使用普及、信息传播一日千里的今天，信息被传递后其扩散范围广泛、经直接传述或间接转知的人数众多，但在客观上应当承认不同报纸或网站的影响力是不同的。公司对有影响力的媒体报道事项作出澄清即可。这一标准在直观上恐与编造传播信息罪冲突，因为该罪系行为犯[1]，只要有在多个股市网站讨论区留言散布影响有价证券价格的不实信息行为即可，至于实际被影响人数不是定罪要件。然而细加分析，两者不冲突。前者是公司认定重大性影响的一个较为重要的因素，报道的信息属于通常性质的内容，当然要考虑可能的实际影响；后者传播信息一般而言性质严重或属于完全捏造，其行为性质较为恶劣，所以不予考虑实际的影响程度。

四是是否属于吹嘘标准。吹嘘规则指卖方为促使买方消费所作出的乐观陈述和销售行话。在证券市场中，美国法院原本将吹嘘规则适用于证券经纪商，后来扩大适用至发行公司。吹嘘显然具有夸张性质，一般而言理性投资者不会单纯据此陈述就作出投资决定，实际上无法影响股票价格，因而被视为不具有重大性。具体而言，公司可根据媒体报道内容的"模糊或具体""保证程度""由上下文判断"等综合分析所涉内容是否具有重大性。应注意的是，吹嘘规则标准主要适用于软信息，如具有推测性质之规划、预测、计划，或系主观估计和评价而具有形容性之陈述，如意见、动机、目标等主观分析，不适用于已经发生且可验证的硬信息。

---

[1] 张益辅：《论信息型市场操纵：以散布流言或不实资料之实务案例为核心》，台湾证券交易所 2015 年度专题研究案。

　　五是是否具有预告警示标准。如果媒体报道软信息或主观估计判断时，已经附有充分的警示性语言，并提示了具体风险，此时媒体报道将自我稀释预测或意见的乐观性，故不具有重大性。需要注意的是，充分警示性语言要符合具体性和合理性。具体性指警示性语言必须与信息具体连接，并披露风险严重程度；合理性指媒体必须经谨慎审查公司、产业及竞争对手之状况后，提出可能影响预测真实性和正确性的潜在因素。因此，笼统适用于所有交易之样板警示或一般性风险描述均不足以构成有意义的警示性语言，亦即充分的警示性语言使遗漏或虚假陈述在法律上不具有重大性。

　　上述五项标准可辅助认定哪些信息需要澄清，紧随的一个问题是由谁来认定其重大性。综观各国的规定，主要有如下两种类型：一种是上市公司主动查阅媒体报道并完全自主判断；另一种是由证券交易所监管人员协助关注，并判断是否应进行披露。到底由谁来认定的考量因素似乎与上文披露项目的认定程序相同。上市公司是信息披露的责任主体，处于生产和掌握信息的有利位置，最有能力判断哪些报道对公司能够产生什么影响，同时也最有能力积极准备予以妥当回应。因此，需澄清信息是否重大由上市公司判断更为合适。目前，我国的规定是上市公司应查阅媒体报道并澄清；若证券交易所查阅发现或投资者向交易所询问时认为有必要，则通知上市公司并要求其予以公告。应当说，此种认定并澄清的模式是适合我国证券市场实际情况的，应当予以维持。

（三）澄清公告如何披露

　　我国证券市场投资者以散户居多，其或无暇理财，或不具有专业知识，不如法人投资机构拥有庞大的人力、物力可以独立进行分析，故而媒体报道、媒体推荐或专家意见等，是其投资决策的重要参考依据。因此，相对于以机构投资者为主的证券市场，我国更应注重对澄清公告的规制管理。然而，由于媒体的快速发展和相互竞争，公司特别是市场关注度较高的公司每日被媒体报道的事项可能很多。这些事项若都要求公司予以澄清显然过于苛刻。澄清公告的回应内容往往需要经过查证程序，如果动辄发布澄清公告，对于公司而言是一种沉重的负担。因此，当报道所载信息属猜测性质或无足轻重时，公司就无须予以澄清。例如，流言的本质使公司不应承担披露回应的一般义务，因为如此要求会使第三方通过流言方式向公司施加披露义务，这显然不合适。其实，监管部门也并不期望公司对所有传言或猜测都予以回应，但期望发行人在报道或传言所载之信息相当具体，且发行人对此信息未作任何披露时，或发行人股票价格、交易量对此报道已有反应时进行澄清。

对于需要澄清的信息，公司可以先初步判断为何种类型，然后再确定针对性的回应要点和内容。一是传闻与事实不符的，公司应当明确予以驳斥或否认。在此之前，应当履行全面的核查验证程序，避免因自身错误增加信息混乱程度。如果传言内容属实，公司就应该根据事件发展情况，对投资者进行证实并说明。二是传闻涉及分析的，着重说明假设条件是否成立、逻辑推理是否严谨、结论是否成立。在澄清公告实践中，此种情形较为少见，偶尔有也是见于软信息的报道澄清，此时公司需要结合媒体报道的分析，根据自身情况予以针对性回应。三是有充分理由无法判断传闻是否属实的，应当说明截至目前的核查验证工作、无法判断的理由、有无进一步查验的计划等。在澄清公告实践中，此种情形亦较为少见，偶尔有也是发生在公司也不掌握相关信息的情况下。四是传闻涉及筹划中的重大事项的，应当说明该事项目前的基本情况、后续计划及不确定性。五是传闻涉及已披露信息的，公司可以提示之前的披露媒体、时间、标题，方便投资者查阅，也可以在突出澄清重点的原则下复述。六是传闻涉及上市公司以外的第三方但又与上市公司有关的，公司应当在履行必要的核实程序后作出说明。如涉及上市公司的控股股东、主要商业伙伴时，由于上市公司本身不掌握信息，此时就需要通过函询等方式予以求证后公告。

上市公司在作出澄清公告时，对于具体报道事项的澄清需要注意以下几个问题，这同时也是监管部门在监管澄清公告披露时应当予以关注的问题。

首先，已经被媒体报道的信息能否适用豁免规定问题。正如实证分析案例所示，公司筹划中的重大事项在未达披露标准之前可以不予披露，但当媒体报道时有的国家如新加坡就规定需要披露。此项规定的合理性值得商榷，并不能一概而论。当媒体报道未披露的筹划中重大事项时，应当结合媒体报道的具体程度、股价异动幅度、证券成交量变化等情况综合判断，在符合这几项指标时应当及时予以回应；但若不符合就不应当强制要求予以回应，除非公司自愿予以披露。

其次，自愿回应与强制披露问题。通过上述实证案例可以看出，有些媒体质疑事项不具有重大性。例如，报道称子公司占公司销售收入极小比例的个别产品涉嫌违规宣传。或者有的事项不属于强制披露范围，如公司被申请诉前财产保全，但此时公司仍予以澄清。公司自愿披露，一方面说明披露意识强，致力于满足投资者信息知情权；但另一方面如果澄清披露的信息不重要，会同时提高投资者的信息挑选成本，增加市场噪音。因此，并不应有报道就有澄清，只有符合重大性标准的报道信息才应予以回应。

再次，补充披露问题。对于上市公司应澄清披露的内容，若存在当时无法掌握的事实时，上市公司应就目前已经发生的事实予以澄清披露，而对于无法掌握的部分，待日后确定时再行补充披露。媒体报道的事项或者正在进行中，或者公司并不完全掌握相关信息，此时应当按照分阶段披露原则予以澄清披露。

最后，报道与上市公司之外的第三方相关，且和上市公司有关时，澄清与否的把握问题。上市公司是经济社会生活的重要主体，在生产经营过程中会与种种社会经济主体发生审批等关系。当媒体报道这些关系中的另一方时，会间接牵涉上市公司，此时如何进行判断则值得研究。大多数主要市场证券法律法规要求披露的都是上市公司本身的信息，只有日本稍有扩展，要求一并披露上市公司母公司的相关信息，但整体而言也是以上市公司为本位进行披露的。上述澄清公告中有涉及第三方的案例，如上市公司控股股东发生短期融资券不能按期足额偿付，构成实质性违约；地方政府为上市公司子公司出具假证明，从而使其获得合格环评，媒体报道要求严厉问责。类似的情形其实与上市公司并无多大关系，对公司没有直接影响，公司进行积极回应是主动增强透明度的表现，但其中蕴含的澄清公告边界问题需要进一步探讨厘清。

（四）证券分析师研究报告是否需要澄清问题探讨

在实证分析的 161 条澄清公告中，其中一条是因券商发布研究而引起的。2016 年 6 月 20 日，相关媒介发布广发证券《兴发集团（600141）点评：市值处历史底部电子化学品业务有待重估》的报告，点评公司生产经营及下属子公司电子化学品业务发展情况，而公司对此进行了澄清。虽仅此一条，但其中蕴含的问题却相当重要，即证券分析师的研究报告是否属于澄清公告的适用范围？

证券分析师研究报告提供、宣讲的财务预测或营运计划等软信息，以证券分析师名义对外发布，且大都会以一定之事实为预测基础，故与一般理性投资者一望即知的单纯夸大的乐观陈述完全不同。前者通常会对一般理性投资者具有参考判断上的重要性，反之几乎不会有任何理性投资者愿意以后者作为自己交易决策的判断基础。换言之，证券分析师所发布的财务预测或营运计划等软信息，纵然不能以事后证明为不实即予苛责，但倘其于发布时主观上即有故意夸大、掩饰客观事实，甚至故意凭空捏造预估数据等行为，则所发布的软信息亦处于澄清范围之内。例如，在研究报告中故意撷取偏空（或偏多）之市场信息，或故意曲解以误导报告使用者。实际上，麦格里证券曾在 2007 年 4 月 12 日发布看多报告，在 4 月 16 日却发布看空报告，短短数天之内便立场迥异，就是一个具体例证。因此，对于证券分析师研究报告不能一概豁免澄清披露，是否予以澄清仍然交由上市公司结合自身实际、股价异动、证券成交量等情况自主判断，并根据报告内容作出妥当回应。

第三章　自愿性信息披露的法律规制

自愿性信息披露在我国现行信息披露制度体系中处于辅助地位，相关证券法律仅作了原则规定，体现了鼓励自愿披露的立法意图，并未对自愿披露形成系统性的规制。目前，自愿披露实际上处于较为放任的状态，也因此产生了诸多问题。本章先讨论自愿性信息披露制度蕴含的基本问题，目的是为完善具体制度提供路径指导和理论支撑；之后分别讨论相关的具体制度，目的是在既有法律框架下，提高自愿性信息披露制度的规制水平。

第一节　自愿性信息披露规制的基本问题

一、自愿性信息披露的法律定位

信息披露从性质上可以分为强制性信息披露和自愿性信息披露。强制性信息披露是指由证券法、会计准则、监管部门和证券交易所等明确规定的上市公司必须披露的信息。自愿性信息披露是指除强制披露的信息之外，上市公司基于提升公司形象、改善投资者关系、降低融资成本等目的主动披露的信息。自愿性信息披露从证券市场建立以来即已存在，总体上经历了三个阶段。

第一阶段以自愿性信息披露为主导。如果将证券交易所等自律组织对于公司信息披露的管理，视为公司自主意愿的话，那么大体而言，19 世纪末之前属于以自愿披露为主导的阶段，由上市公司自主决定披露什么信息、何时披露及对谁披露。当然，这一阶段强制披露开始出现，例如 1845 年英国《公司法》就规定公司在年度股东大会上必须向股东披露相关信息。

第二阶段以强制性信息披露为主导。以美国 1933 年制定的《证券法》和 1934 年制定的《证券交易法》为标志，世界上主要国家或地区的信息披露方式由自愿披露向强制披露转变；作为自律组织的证券交易所也强化了上市规则的执行力度。虽然证券交易所与上市公司之间的法律关系大体上归入民事法律关系，但实际上包含了证券交易所对上市公司的监管[1]，因此事实上起到了强制披露的效果。这一阶段强制披露呈现逐步强化的趋势，但自愿披露仍有相当空间。例如，前瞻性信息虽然禁止在提交给美国证监会的注册文件中披露，但公司如果以其他方式自愿披露的话，美国证监会并未予以禁止。

第三阶段以强制披露为主，以自愿披露为辅。从 20 世纪 60 年代开始，随着资本市场在有效假设背景下对强制披露制度的批判，应经营环境变迁迅速、不确定情况的增加，自愿性信息披露的重要性日渐上升，信息披露由重在保护性披露转移至信息性披

---

[1] 卢文道：《证券交易所及其自律管理行为性质的法理分析》，载张育军、徐明主编《证券法苑（第二卷）》，法律出版社，2010。

露，举凡涉及投资分析与管理决策的信息均应加以公开，预测性及非财务性信息更是披露时被强调的重点[1]。目前，随着证券市场结构、投资者构成的重大变化，特别是新经济、新业态、新模式的不断涌现，自愿性信息披露的需求和空间越来越大。从上市公司方面分析，随着公司数量的急剧增加，证券市场的买方特征逐渐明显，对于投资者的争夺日趋激烈。很多上市公司希望通过自愿性信息披露，进一步突出公司的核心竞争优势，提升公司品牌形象，提高对投资者的吸引力。从信息接收方即投资者方面分析，投资者对信息种类和信息广度的要求越来越高，作出每一项投资决策时，不仅需要财务信息、历史信息，还需要非财务信息、知识资源信息，而后者的取得大部分依赖于公司的自愿披露。尤其是随着机构投资者和证券分析师的兴起和发展，他们对披露信息全面性和广泛性的要求更高，就进一步拓展了自愿性披露信息的种类和方式。从监管部门方面分析，信息披露规则不能过于强调历史性信息，因为投资者购买的是公司的未来，而不是过去，且相关监管规则亦强化了自愿性信息的披露要求。自愿性信息披露是目前信息披露制度完善的一个重要方面。完善自愿性信息披露不能仅从个别规定着手，因应监管形势的需要临时性增加或减少披露项目和数量，对自愿性信息披露作系统分析和考虑，从顶层设计角度进行制度完善。总结自愿性信息披露发展演变进程中的相关经验，其法律定位似应如下。

首先，披露管理层运营公司所需的重要信息。与公司成功相关的事项的自愿披露是非常有益的，特别是管理层认为的公司成功的关键因素和这些因素的变化趋势。自愿性信息披露不是无标

---

[1] 林国全：《财报不实之民事责任》，《复旦民商法杂志》2015 年第 48 期。

准的任性披露，其标准亦服务于投资者决策需要，而管理层用来分析判断公司运营发展的信息对于投资者而言至关重要。此类信息有些通过强制性信息披露制度予以公开。自愿性信息披露宜聚焦于该等层面的信息，进一步拓展管理层视角下经营信息披露的广度和深度。例如，业绩驱动、关键业绩指标信息披露通常是自愿性的，但又是管理层重视的管理类信息。对其予以披露能够使投资者站在管理层的视角分析判断公司运营状况，从而极大地减少信息不对称，有利于其作出充分知情的投资决策。

其次，自愿披露有利于投资者更好地理解强制性披露信息中的重要信息。无论是自愿性信息披露还是强制性信息披露都是不完美的，两者是证券市场相互补充的信息源，并不存在一类信息替代另一类信息的问题。对于投资者而言，两者共同的目标是实现经过投资者知情决策，股价能够真实反映公司的内在价值。只要信息披露质量高，两者都能得到投资者的倚重和青睐。因此，不能在不考虑强制披露影响的情况下，孤立地研究公司自愿披露策略，应当着眼于两者的相互影响，进一步明确自愿性信息披露的范围和边界。

自愿性披露信息的内容受到强制披露的影响，强制披露制度的许多特性是公司自愿性信息披露策略的决定因素：第一，自愿性信息披露受强制性信息披露质量影响。其不仅能影响自愿披露的披露门槛，而且也影响其是低于特定门槛还是高于特定门槛。例如，强制性信息披露的价值越高，那么自愿性披露水平就越高，尽管有时这会降低自愿披露的意愿。第二，自愿性信息披露受强制披露报告自由裁量水平影响，公司的自愿披露水平通过限制财务报告的自由裁量权得以提高。换言之，强制披露报告中的自由裁量权越大，管理层披露选择空间也越大，此时管理层一个合理的选择是减少自愿披露空间，以减少披露成本。第三，自愿性信息披露受强制披露要求适用范围影响。强制披露监管规定提高了管理层的整体披露水平，即强制披露规定数量与总体信息数量呈正比。因此，从直观上来说，随着强制披露适用范围的扩大，自愿披露的空间在缩小。以美国为例，1933年建立的强制披露制度首先适用于首发上市公司，1964年扩展至柜台交易市场，1999年又扩展至电子报价系统。又如，从2005年12月开始，美国证监会强制要求公司在定期文件中披露风险因素，而在此之前风险因素的披露由自愿披露规制予以调整。第四，自愿性信息披露受强制披露规制方式影响。强制披露如果采取原则导向的规制，则公司自愿披露的数量就会多一些。一个典型的例子是，会计准则经常对概括性项目施加强制披露要求，关于其组成部分的详细内容则通常允许自愿披露。而且，在此情形下，组成部分的信息质量越有差异，管理层就越有动机披露那些信息含量高且相对其他部分属于利好的信息。

最后，在认清上述关系的基础上，也应当看到自愿性信息披露和强制性信息披露的性质和范围界定不是绝对的。强制性信息披露在披露方式和披露时间等方面，也存在自由选择的空间；自愿性信息披露可能是由强制披露所引起或者是对强制性披露信息的必要补充，如按月披露汽车销售数量属于自愿披露的信息，但它却能够提高投资者对公司盈利能力的预测准确度，能够深化对整体财务信息的理解。自愿披露与强制披露之间存在密切关系，自愿披露不仅直接提供了本身携带的有利于评估公司价值的信息，而且也给投资者提供了间接信息，能够提高投资者全面理解强制性披露信息的能力。目前，自愿性披露信息宜应聚焦于提升强制性披露信息价值增量。

改善自愿性信息披露的内容种类，就不可避免地面临困难的成本效益分析，但明确的量化分析是不可能的。已有的大量研究文献认为，强制性和自愿性信息披露的收益在于能够减少投资者的投资失误，减少公司的平均资本成本，增强公司的公信力并改善与投资者的关系，减少被诉风险等；成本在于产生竞争性损害，特别是披露专有性信息时更是如此，如减少与供应商、消费者及员工的谈判优势。自愿性信息披露应当符合成本收益分析的经济法则，同时也不要过于担心自愿披露会损害公司的竞争优势，原因在于：第一，竞争对手有时已经从公司的前员工、共同的供应商和客户、市场研究、行业出版物等途径知道了大量的公司未公开信息。竞争性损害有时取决于竞争对手从其他信息源获得信息的分析观察。第二，对于某些公司而言，自愿披露敏感信息反而可能带来竞争优势。例如，如果公司将产品研发信息披露作为一种竞争策略，那么提早公布可能给公司带来竞争优势，因为提早公布意味着公司将提供新产品给市场，公司的盈利前景看好。

二、自愿性信息披露的内容确定程序

在决定自愿披露多少为合适时，公司必须作出困难的成本效益分析。对此，需要判断作出什么披露会损害公司的竞争地位。对一个公司或许无害的披露，对于另一个公司或许有害；及时披露或许有害，但后来披露或许无害。因此，对于身处经营之中的管理层而言，有必要决定何种特定披露是有害的，何种披露是无害的。

为鼓励公司继续改善企业报告，并且检验已经披露的信息种类和披露方式，监管机关应为公司提供一个指引以便于协助管理层确认需要披露哪些额外信息。

为自愿性信息披露提供一个基础框架是很有必要的。大体而言，分为五个步骤。

第一，识别对于公司成功尤其重要的经营方面，即公司至关重要的成功因素。公司经营的每一个方面都是重要的，但是通常对于一个特定的公司而言，有小部分活动是最重要的。因此，关于至关重要的成功因素的信息对投资者而言尤其有用。尽管不同公司或许具有类似的关键成功因素，特定行业内的公司或许具有类似的关键成功因素，但本质上的各个公司成功因素各不相同。

第二，确认促成管理层取得成功的公司战略及发展计划。公司战略传递给投资者公司的发展方向，发展计划传递给投资者公司的措施。战略、计划以及其执行的管理效率是决定公司成功与否的主要因素。

第三，确定管理层测量和管理实施该战略及计划的绩效指标和运营指标。公司管理层使用许多运营指标，如市场份额、运营效率等来跟踪公司业绩、管理经营业务。例如，业绩指标被用来评估公司战略和发展计划实施的效率。披露业绩指标，有助于投资者将实际业绩与之前披露的管理目标、战略计划进行对比，便于投资者对公司的成功和失败进行确认和量化。

第四，考虑自愿披露公司的前瞻性战略、计划、业绩指标是否损害公司的竞争地位，影响竞争地位的风险是否超过自愿披露所带来的收益。自愿性信息披露成本和收益的权衡受以下三个因素影响：信息类型、信息的详细程度及信息披露的时间。与产品研发信息相比，例行运作信息披露并不会产生明显的竞争劣势。同样是产品研发信息，新产品计划披露得越详细，如披露包括产品特性和受欢迎的原因，那么产生竞争损害的可能性也越高。同时，产品研发信息披露与实际市场推广之间的时间间隔越短，竞争对手作出反应的时间越有限，自愿披露所招致的竞争劣势越小。若有的公司担心这一点，那么在达到成熟的披露时点之前可以进行一般性披露，如产品研发提前完成的趋势。提高自愿性信息披露的技巧对于减少信息的外部效应非常重要。披露技巧主要体现在对披露内容的选择、披露详细程度及披露时间的灵活把握方面。竞争对手更加关注公司披露出来的细节信息，所以概括性的、恰当选择时间的自愿披露并不会危害公司的竞争优势。

第五，如果披露是适当的，应决定如何更好地自愿披露信息。公司对于列示的业绩指标和运营指标的性质应当予以充分解释，而且不同期间的披露应当具有一致性。公司对于运用的管理业务和推动经营战略的关键指标应当予以明确解释，并在不同时期保持连续性。当然，作出一个自愿披露的决定并不意味着一直负有披露义务，除非这些指标具有相关性或没有更好的指标出现。

三、自愿性信息披露的标准

自愿性信息披露是公司主动对外发布的与公司有关的财务或非财务信息，这些信息大多属于公司内部管理信息，由公司管理层具体掌握和使用。目前，此类信息并未受到相关法律法规的规范管理，而且无须经由独立第三方予以核查验证，主要由公司治理机制发挥监督把关作用，因此披露的弹性空间相当大。虽然公司自愿披露的信息不属于法定的披露内容，因而披露项目、披露时间、披露形式等方面未受到信息披露法规的严格规制。但是，由于其是公司总体信息披露的有机组成部分，为了有效控制自愿性信息披露的数量和内容，提高其信息披露质量，自愿性信息披露除了应符合强制性信息披露的基本原则外，同时还应遵守以下披露标准。

第一,披露内容应当具有可靠性[1]。与强制披露大多要求的是硬信息相比,自愿披露更多的是软信息,包括预测和意见。虽然此类信息由于性质使然具有高度不确定性的特点[2],但正因如此,公司才更需要在合理的基础上进行编制。如果引用第三方的数据资料作为讨论与分析的基础,应当注明其来源,并判断其是否具有足够的权威性等,从而使软信息具有硬信息的核心,保证基本的真实性。

第二,披露内容应当具有完整性。相关事项不披露则已,若披露就需要全面准确地予以描述,不能有意突出对公司有利的方面,淡化甚至隐瞒对公司不利的方面。

第三,披露内容应当具有相关性。自愿披露并不是随意性披露,更不是为了实现违法目的的选择性披露。公司应当充分考虑并尊重投资者的决策信息需求,披露内容应当能帮助其更加充分地理解、判断公司的价值。目前,在强制披露已经要求披露大量信息的前提下,如何选择自愿披露的信息,发挥出其应有的增量价值属性就显得尤为重要。

第四,披露内容应当具有关联性。自愿性披露信息应当有助于深化投资者对强制性披露信息的理解,有助于公司价值更加清晰地展现出来。因此,自愿性披露信息不能孤立分析,应将其纳入与强制披露的关联对比中予以选择,从而使其与强制性披露信息有机融合,形成一个互补互益的整体性披露框架。例如,年度报告中关于公司的外部环境、市场格局、风险因素等内容的分析

---

[1] 蒋训练、张德容:《上市公司自愿性信息披露有关问题探析》,《企业经济》2007年第11期。

[2] 张心悌:《盈利预测重大性之判断:兼论盈利预测安全港制度》,《台湾大学法学论丛》2012年总第84期。

与讨论，应当与公司的经营成果、财务状况具有足够的关联度，
投资者阅读之后能够在脑海中形成一个整体的公司价值图景。

　　第五，披露应当具有持续性。除偶发性一次披露的信息外，
自愿披露的项目和内容要保持持续性。例如，如果公司曾经披露
了某些项目或计划的信息，那么就应当继续披露这些项目和计划
的进展情况及结果。又如，上市公司披露关键指标时应当保证前
后报告的一致性，计算依据、假定条件等发生变化的，应当及时、
充分说明。

第二节　自愿性信息披露内容的法律规制：以行业信息披露为例

一、自愿性信息披露内容实证分析

　　总结我国自愿性信息披露的内容，一方面要从现有的相关信
息披露文件中找到法源依据——基于其非强制性的披露要求，其
在法律文本中多以"鼓励""可以"等形式予以表述；另一方面既
然是自愿性信息披露，公司有裁量空间，可决定披露什么，因此
公司披露实务中的披露内容，亦构成自愿性披露信息的一个重要
组成部分。

（一）基于法律文本的分析

　　截至目前，我证券法律法规及部门规章中，并没有鼓励自愿
性信息披露的明确表述。在证监会规范性文件及证券交易所披露

规则指引层面，从 2002 年起出台了一系列鼓励自愿性信息披露的文件，构建了以强制性信息披露为主、自愿性信息披露为辅的信息披露制度。就规制方式而言，一方面采取概括立法方式，一般表述为：本准则是信息披露的最低要求，不管是否有明确规定，凡对投资者投资决策有重大影响的信息，均应披露。"均应披露"似乎是强制披露要求，但由于披露什么、怎么披露很大程度上由公司管理层自主决定，因此该披露行为实质上是自愿披露。另一方面，明确列示了鼓励公司自愿披露的项目，涉及的内容包括发行人在首发上市、上市公司在重大资产重组报告书或年度报告中可以披露的盈利预测；在年度报告、半年度报告中除证监会规定的行业之外，公司披露的适用其他行业分类的数据、资料；年度报告中管理层在讨论经营管理活动中使用的关键业绩指标；分别披露的前 5 名客户名称和销售额，以及前 5 名供应商名称和采购额；报告期内公司资产构成同比发生重大变动的，公司结合各项营运能力和偿债能力进行的财务指标分析；讨论和分析公司未来发展战略、下一年度的经营计划以及公司可能面对的风险时，进行的量化分析；履行社会责任的工作情况和环保信息；报告期内对高级管理人员的考评、激励机制的建立和实施情况；业务年度与会计年度不一致的行业，按业务年度口径汇总披露的收入、成本、销量、净利润、期末存货的当期和历史数据；收购人是自然人的，在媒体上公告的身份证件号码、住所、通讯方式；指定媒体上公告的要约收购报告书的具体交易记录。

上述规范性文件中规定的自愿披露内容，可以分为以下几类：第一，财务信息，如前 5 名客户名称和销售额、财务指标分析、按业务口径披露净利润；第二，业务信息，如盈利预测、关键业绩指标、对高管的考评机制；第三，前瞻性信息，如发展战略和经营计划；第四，履行社会责任等其他信息。与主要国家或地区的自愿性披露信息相比，已无实质差异。例如，美国、加拿大、欧盟、澳大利亚、韩国亦鼓励披露盈利预测、与主要竞争对手相比的优势和劣势等一般信息、与国外政府的交易是否正当及符合反腐败法规等相关的良好行为标准信息、与由产品质量引致的伤害事故等相关的潜在负债信息等。当然，我国对此的规定与上述国家在某些项目是否披露以及披露程度上或有差别，这是不同国家的市场发展程度、法制环境及信息披露规制模式不同导致的，并不能据此否认自愿披露内容日益趋同的现状。

　　进一步分析上述自愿披露内容在证监会规范性文件中的分布，发现以下特征：一是与股权相关的信息多于与债权相关的信息。原因可能在于前者面向的是投资者，其更看重的是公司的未来发展和盈利预期，而这基本上属于自愿性信息披露的范畴；后者面向的是债权投资者，其更看重的是短期内的偿债能力和现金流状况，这些信息本就属于强制性信息披露的范畴。二是首发上市或融资时的信息多于持续披露期间的信息。公司首发上市或再融资时，由于面临在短期内需将证券售出的巨大压力，本身有动力自愿披露公司亮点或价值，以获取投资者的信任并吸引其购买。持续披露文件则是日常运营中常规的披露载体，受公司管理层自利、第三方效应等因素的影响，公司自愿披露的动力并不强烈。三是披露期限较长的信息多于披露期限较短的信息。例如，年度报告比中期报告和季度报告披露的多，原因在于中期报告或季度报告内容相对较少，且都集中于硬信息，这些本就属于强制披露的内容。四是特定行业或针对特定事项制定的披露文件中自愿披露项目较少。原因可能在于制定该披露文件的目的就是提供针对性指导，提出具体披露要求，因此公司自由裁量的空间被压缩。

（二）基于公司披露实践的分析

相关披露文件规定了监管部门鼓励披露的信息，但公司实际的披露情况如何？特别是在未对临时性自愿披露予以明确规定的情况下，公司实践中又公告了何种信息？不难发现，上市公司总体披露情况并不理想。只有少数上市公司披露了盈利预测；披露社会责任履行情况、高级管理人员考评机制的上市公司虽然数量较多，但大部分是模板化表述，并未提供有价值的增量信息。

利用 WIND 系统完成公司公告高级检索，可以看到公司自愿披露的信息有以下几类。

一是公司治理类信息。如为规范和完善科学、持续、稳定的利润分配政策，制定的未来三年股东回报规划；股权变动情况，包括股东解除一致行动关系协议；未来一定时间内不减持本公司股票；澄清媒体报道涉及公司已不是公司大股东；一位监事辞职或去世，一位副总经理辞职，甚至审计部门负责人、证券事务代表辞职的承诺；调整公司组织架构；全资子公司完成工商变更或迁址；变更投资者联系方式。二是较重要的生产经营信息。包括签署战略合作框架协议；月度销售情况简报；季度产销快报、季度经营情况简报等。三是财务信息。如 76 家公司发布了 80 次业绩快报，其中 4 家公司进行了修正；财务决算分析报告、计提资产减值准备及资产核销的报告。四是公司一般信息。包括项目扩建进展情况；子公司停产、设备检修；装置复产；继续调整优化营销网络；取得国内或国外专利证书、GMP（良好生产规范）证书；未通过高新技术企业复审；获批博士后科研工作站；入选中国纤维流行趋势代表产品；取得矿产资源勘察许可证；遭受低温冻害，影响葡萄质量；未达到应披露交易标准的交易；未达到重大诉讼标准的或者仅符合其中一项标准的死诉讼。五是中介机构文件的公告。包括持续督导保荐总结报告书；变更财务顾问主办人；券商定期现场检查报告；券商对公司培训情况的报告。六是社会责任报告和环境报告书。七是对交易所监管关注函的回复披露情况。

其实，从上述信息来看，与国外已无实质性差异。在"关注核心能力，展示公司未来"的基本策略下，公司披露的具体信息亦涉及无形资产信息、运作信息、前瞻性信息、经理人员自我评价信息、环境保护与社会责任、公司治理等诸多方面，呈现以下几个特征：第一，内容具有多样性。自愿性披露信息的内容包含有关公司发展战略、财务状况、经营业绩等方面的重要信息。这些重要信息从空间范围来看，既有内部环境信息，又有外部环境信息；从时间范围来看，既有确定的历史信息，又有不确定的预测信息；从披露的形式来看，既有定量信息，又有定性信息；从内容来看，既有常规的运营信息，更有市场热点信息。第二，提升企业信用类的信息明显增多。以往只是作为中介机构履行督导职责的工作如培训、总结报告，现都通过公司予以披露，希望借此向投资者表明公司的信息经过相关第三方的验证，具有一定的质量保证。第三，监管类信息增长明显。监管机构现场检查后未达明确披露要求的信息、证券交易所对年报或重大事项的问询函，均通过公司回复等形式予以公开。此类信息带有监管机构主动公开、公司被动披露的色彩，客观上丰富了投资者了解信息的渠道，对于深入洞察公司重大风险尤为重要。第四，披露信息与公司行业及公司特征呈现越来越多的关联性。例如，化工行业公司多会披露设备停产检修、复产信息；农业类公司则倾向于披露极端天气信息；而高新技术企业则愿意披露技术进步、研究开发信息。

如果进一步分析，就披露内容的规范性、披露内容与强制披露相互促进、披露总体效果等方面而言，我国自愿性信息披露还有较大的提升空间。以行业披露为例，美国实行一体化的信息披露策略，从上市开始即要求公司进行行业披露，并在持续披露阶段继续实施行业监管，因此公司行业信息披露已经比较充分，相互之间可比较性特征明显。而我国无论监管部门还是公司本身都处于行业信息披露的探索阶段，披露质量有待进一步提高。

总体而言，自愿性信息披露存在以下问题。

一是披露不足与披露过度现象并存。一方面，对于一些关键的自愿披露信息，如盈利预测明显披露不足。另一方面，关于公司的一般信息披露又过量。例如，证券事务代表辞职、子公司完成工商变更或较小数额的诉讼等，对于投资者决策提供不了增量信息，反而造成信息噪声。

二是选择性披露始终存在。自愿披露的绝大部分信息都是关于本公司的利好消息，几乎没有公司披露对自身不利的坏消息。另外，有些公司披露方式随意，导致投资者没有平等机会获取信息。

三是披露动机不纯。少数上市公司有选择地披露与市场热点题材相关的信息，甚至将之作为抬高股价的手段。例如，曾有研究显示，相当数量上市公司董事长或实际控制人，控制公司发布"高送转"方案、介入热点题材等利好信息的披露时机和内容，从中获利。

四是披露内容不客观。（1）内容不完整。如广汽集团于2015年12月23日发布了同优步签署战略合作框架协议的公告，仅表示双方将就股权投资、汽车销售、维修保养等方面展开全方位深度合作。在上海证券交易所问询函的要求下，才披露了子公司拟参与中国优步 B 轮融资的消息。（2）内容不准确。例如，2016 年 4 月 22 日中安消披露了与交易对方在机器人、无人机、电子商务、金融等产业进行深层次战略合作。而实际上，公司除自身将投入研发安保服务机器人项目外，未从事其他种类的机器人产业、无人机产业、电子商务产业、金融产业。（3）风险揭示不足。例如，美都能源在 2015 年 12 月 4 日发布的涉足石墨烯新材料公告中，通篇是石墨烯的发展前景及对公司的战略意义，并未明确说明具体的风险。直至上海证券交易所问询后，公司才披露该产业存在科研周期较长，预期科研成果存在不确定性，以及即使获得科研成果，仍存在规模化生产的不确定性等风险。

五是披露不具有持续性。例如，公司签订战略合作协议后，应在后续的定期报告和临时公告中，持续动态披露合作协作的重大进展情况、变动情况，给投资者以合理预期，而很多上市公司未就此予以持续披露。

六是披露内容对于投资者辅助决策的增量价值不明显。从数量上看，虽然公司自愿披露了许多信息，但由于该等信息一方面披露深度有限，没有充分显示出其本身的价值所在；另一方面也无法从与其他信息相互关联的角度，解读出信息的增量价值，仅是单纯的事实描述，根本没有发挥出辅助决策的增量价值作用。

七是同类或相似的披露事项的披露格式不统一，关键披露要素不全。例如，同样是化工设备停产检修，有的公司的披露较简单，仅陈述客观事实；而有的公司的披露较为全面，还对可能产生的影响予以界定。由于没有统一的格式，披露信息的可比性和完整性受到极大影响。

（三）简要评述

各个公司所处行业、规模大小、业务模式等各不相同，导致披露信息的差异化较大，有时对同一事项的判断可能不一致。应当说，这也符合立法的目的和意图——把自由裁量权赋予公司，让其承担相应的责任，督促其主动地披露信息，这也为以后实施以原则为导向的信息披露规制模式创造了条件。但这种自由裁量权也要受到一定的限制，才能保证基本的披露公平和公正。

从证券法律调整信息披露的角度来分析，值得关注的问题是：公司披露了各种各样的信息，从理论上来说，这些信息都属于公司认为的对于投资者决策有影响的信息，那么从客观立场上分析，这些信息是否必须符合重大性等标准？进而，公司对于自愿披露的信息特别是过程性或前瞻性信息，是否负有更新义务？下文将逐一对这些问题进行探讨。

二、自愿性信息披露是否应当符合重大性标准

（一）自愿性披露信息应当具有重大性

早在 1938 年，美国证监会即提出信息披露应当符合重大性标准，但当时更多的是在强制性披露信息的背景下提出的，目的是在助益投资者知情决策的同时也不至于产生过多的信息噪音。自此之后，重大性标准就成为信息披露，特别是研究涉及信息披露案件时首要分析的问题。时至今日，信息披露已经发展到以强制披露为主、自愿披露为辅的阶段，而且自愿披露的重要性日益提高。在此情形下，有必要探讨的是自愿披露信息是否也应当符合重大性标准？笔者认为，由于上市公司的公众属性及信息对股价的影响，在我国信息披露框架下，自愿性信息披露内容与质量

仍要受法律法规及证券交易所相关交易规则的约束，亦应具有辅助投资者决策的属性。为了防止自愿披露导致信息噪音，其应当符合重大性标准。

在信息披露监管以原则导向为主的国家或地区，大多采取描述性方式界定重大性，公司在遵行披露精神的原则下，会自主判断什么信息为重要并决定是否披露，这种披露更多带有自愿披露的意味；在信息披露监管以规则导向为主的国家或地区，在采取描述方式界定重大性的同时，往往详尽列举了需要披露的事项，对于未加规定的一般会采取兜底条款——"不论本准则是否有明确规定，凡对投资者投资决策有重大影响的信息，均应披露"的表述，此种情形下的披露似应理解为自愿披露。因此，原则导向与规则导向模式下的自愿披露都具备了重大性的信息特征。

（二）自愿性披露信息和强制性披露信息重大性的内涵区别

在文义解释上，虽然自愿性披露信息的重大性同强制性披露信息的重大性含义相同，具有理论上的统一性，但实际上却存在较大差异，表现为：一是立法目的方面。强制性披露信息是向市场和投资者提供的最低程度的信息，这一点在实行信息披露原则导向的国家或地区体现最为明显。其虽然也列举了一些披露项目，但往往集中于非常重要的事项。而自愿性披露信息是向市场和投资者提供增量信息。这种重大性的主要目的在于赋予主管机关要求公开发行公司披露信息的法源依据，重大性由公司自主予以判断，重大性的差异程度比较明显。二是涉及责任方面。强制性披露信息，如我国《证券法》第69条规定的重大事项或者第75条规定的内幕信息，均涉及民事、行政、刑事责任，其重大性或主要内容的认定，明确而严谨。而公司自主决定披露的信息，由于性质、金额、对公司影响等差别较大，则很少成为追究法律责任的信息种类。产生上述差异的原因在于：自愿性披露信息的重大性不是"法定"的重大性，是公司基于自身利益考量而"自主认定"的重大性。

同时，也应当看到这种区分是相对的。强制性披露信息中有大量不符合重大性的信息，这在集合性信息载体如招股说明书或定期报告中体现得最为明显。此时，披露文件不能仅从重大性角度判断，还应考虑完整性。但总体而言，强制性披露信息具有默认的重大性。无论披露信息是否实际上符合此标准，只要是证券法律法规规定或监管部门认定的信息，因其系以维护整体市场秩序及保护广大投资者利益为目的，且也是为了维护这种披露信息的权威性和披露的统一性，就默认其具有重大性而要求公司必须披露，除非遵守"不披露即解释"原则予以解释或被豁免披露。自愿性披露信息中亦有大量符合法定重大性的信息，这在美国、英国、我国香港地区等采取原则导向披露理念的国家或地区中体现得最为明显。当然，自愿性披露信息具有重大性，这也正是证券法律法规试图达成的目标，因为同样的披露内容采取强制披露抑或自愿披露，对于投资者的决策而言会有很大的不同。实证研究发现，自愿披露环保支出信息对于公司价值有正向影响。环保支出造成竞争地位变化的信息对公司价值的影响程度相对于其他披露项目较大，主要原因为竞争地位变化相关信息可能消除投资者的疑虑，裨益公司价值，但未发现强制披露与公司价值具有关联性[1]。

---

[1] 林秀凤、郑雅如等：《自愿性环保资讯揭露对公司价值之影响》，《东海管理评论》2013 年第 15 卷第 1 期。

（三）重大性具体分析

以盈利预测为例，就目前信息披露相关法律规范而言，盈利预测没有被明确规定为重大事项，或者虽然有明确规定但其性质界定为自愿性的披露信息。对此，在招股说明书、定期报告及重大资产重组报告书中都作了相同的规定。显然，立法者或监管机构已经认识到该等信息的高度不确定性，不将其作为具有法定重要性的信息予以明确要求，而是由公司自由裁量是否披露。同时，考量盈利预测制度的主要目的，在于促使公司及时披露其财务信息，使投资者能够与公司内部人一样掌握该信息，不因信息公开透明度差异过大而影响判断。因此，虽然盈利预测具有高度不确定性，但在证券市场中，是投资者所欲知悉且对其投资意愿有重大影响之事项，属于重大影响股票价格的消息。

同样是盈利预测，在刑事案件中基于内幕信息认定的背景下是否也视其为具有重大性不无疑问。例如，在我国台湾地区京元公司一案中，法院认为：盈利预测与财务报表不同，盈利预测系对未来的预估，财务报表则系对历史信息的陈述。盈利预测涉及判断人的专业素养、景气的变化等不特定的因素，须待时间验证。任何人无法担保预测准确，盈利预测仅供参考，这是任何投资者应有的认识，所以并不是公开说明书中的主要内容。如果盈利预测不准确，即应负有损害赔偿责任，则其性质并非预测，而系担保。因此就该判决来分析，盈利预测不具有重大性，原因可能在于：该案对于盈利预测是否具有重大性的认定，是为了打击内幕交易行为，有效维护整体市场秩序，为广大投资者提供一个公平透明的交易秩序，因此将重大性界定得最为严格。而在日常投资决策中，就投资者前瞻性信息需求、缩小与公司管理层信息差距而言，盈利预测能够发挥重要作用，认定其有重大性似理所当然。

对于盈利预测，有的国家或地区在法律法规中予以明确规定，那么此时盈利预测是否就具有了法定重大性呢？例如，我国台湾地区所谓"证券交易法"第 157 条之一第 5 项及第 6 项重大消息范围及其公开方式管理办法等都明确规定了盈利预测。但有学者基于如下原因，认为盈利预测不具有法定重大性：首先，该规定称重大消息为公开之盈利预测与实际数有重大差异者或盈利预测更新（正）与原预测数有重大差异者。从该表述来分析，并非指盈利预测内容的公开本身即属于重大消息，而是指盈利预测与实际数字有差异，或盈利预测的更新与原预测数字有差异，且该等差异亦必须达到具有重大差异，才构成重大消息。其次，就所谓"证券交易法"第 36 条之一的规定而言，虽然有"揭露盈利预测信息等重大财务业务行为"的表述，但该条的目的仅限于赋予主管机关要求公开发行公司披露信息的依据，并未就企业何种行为属于重大行为予以定义。最后，盈利预测或应属于所谓"证券交易法"第 20 条第 2 项"依本法规定申报或公告之财务报告及财务业务文件"。已有案例认为其应属于"业务文件"。理论上来说，为确保信息的真实完整，虽然所谓"法律法规"未明确规定应当披露的具体事项，但如不披露可能误导投资者的决策判断的，仍应披露，且其性质亦属"财务业务文件"。依据此标准，盈利预测虽系自愿披露，仍属于"财务业务文件"，亦应具有重大性。

三、自愿性信息披露的更新义务

某一信息的初始披露本来是自愿的，当后续发生的事实实质性改变原有信息的内容含量时，公司对其是否负有更新义务及其更新义务的范围就成为两个重要的问题。

（一）对于自愿性披露信息是否负有更新义务

强制性信息披露后无所谓更新义务，只要达到重大性标准的信息就予以披露，这是其持续性披露的应有之义。对此，重大资产重组信息的分阶段披露制度即可充分证明。不同于基于反欺诈条款直接推导出来的纠正义务，当一项陈述在作出时就是错误的，尽管当时公司可能是不知情的，但是当公司事后知道了错误后就有义务予以纠正。自愿性披露信息基于其自愿属性，公司对其是否负有更新义务值得探讨。

对于自愿性披露信息是否应当予以更新，通常有两种主流观点。

一种观点认为，应当予以更新。理由如下：一是自愿性披露信息是否披露虽然属于公司自主决定的公司治理范畴，但一经披露就必须符合证券法律法规对信息披露的总体要求。在此意义上，公司的自愿披露也必须是真实的且有必要作补充以使披露不致产生误导的。对于这种交换信息，公司不披露则已，一旦披露就有义务披露完整，此时自愿披露就演变为强制披露义务。二是自愿性披露信息有自己的一些特征。有些披露即使是在披露时点之外的期间内进行的，仍然能够合理地引导投资者继续信赖。例如，在计划或承诺的情形下，包含某种新的政策或言论，因此在某种程度上就产生了继续信赖，而这种信赖必须予以保护且只能通过更新义务来实现。三是强制披露的信息更多是历史信息，投资者作出决策更多是基于历史事实的自我判断。自愿披露的信息主要是前瞻性信息等软信息，这些信息主要是基于公司管理层的判断而作出的，投资者依赖于他们本身的陈述是否正确，自行判断的空间较小。因此，当管理层的判断发生变化时，管理层予以信息更新也理所当然。

另一种观点认为，不应予以更新。理由主要如下：一是真实性本身是一个相对的概念，法律所能做的是保证当时的真实性，要求信息披露人履行事后更新或更正义务是不合理的。二是创设此类义务是美国证监会的职权，其现在要求以季度为单位披露定期报告，则更新义务的存在实际上让法院强制该等报告具备了持续披露的性质。

上述拒绝更新义务的分析涉及一个问题，即创设一项义务是否合适以及如果创设又由谁来制定。接受更新义务的分析在很大程度上仅是分析投资者是否被误导，这就涉及重大性的判断问题。重大性是指一个信息是否极有可能对一个理性的投资者而言是重要的，这是个事实问题；义务是指是否有责任披露特定类型的信息，这是个法律问题。但这两个概念并不容易被分开，因为在决定是否有披露一个特定类型信息的义务时，法院通常不得不考虑该信息是如何且为什么对投资者而言是重要的。正因如此，两种观点似乎又不冲突——否定说是从立法论的角度阐述，肯定说则从实际效果着眼。如果就信息披露试图达到的效果而言，肯定说似乎更有说服力，况且否定说即使拒绝了更新义务，但当先前陈述中直到目前有效的信息，在发生导致其不再保持正确性的事实时，仍然认为公司对其负有更新义务。因此，无论是基于理论分析，还是从更好地满足投资者信息需求角度而言，规定对自愿性披露信息负有更新义务似乎更值得肯定。

（二）自愿性披露信息更新义务范围

自愿性信息披露的内容广泛，公司对哪些类型的信息负有更新义务呢？或者说如何确定更新义务的范围呢？对此，学说和判例仁智各见，对更新义务的范围定义差别极大。

第一种观点认为，虽然一项陈述在作出当时是准确的，但事后客观情况发生了变化致使其具有误导性时，公司就对其负有更正或修正的义务。而且，只要先前陈述仍然处于有效期间内，这种义务便一直存在。例如，在 Ross V. A. H. Robins 案中，公司发布了关于避孕产品的许多正面陈述，但没有公告后来发生的产品责任诉讼和消极的安全报告。法院认为，只要投资者继续依赖第一个陈述的正确性，公司就有义务修正先前的陈述。在 SEC V. Shattuck Mining 案中，公司宣称其即将实施并购，但后来并未实施。尽管该陈述在当时是正确的，但法院认为公司有义务更新后来的发展情况。在 Time Warner 案中，公司宣传将从战略合作伙伴获得债权融资，后来在没有成功的情况下公司寻求股权融资以获得资金。法院认为，一开始关于战略合作伙伴的陈述因不具有充分的确定性从而公司对其不负有更新义务，但是改变融资方式后公司或许就对其负有了更新义务，因为它会严重稀释现有股东利益，从事实角度判断，它具有重大性。如果一个通常的计划或政策由于后来发生的事实而变化，对此公司就产生了更新义务。

第二种观点绕开了公司对自愿性披露信息是否有更新义务这一问题，如伯林顿法院直接询问公司的先前陈述是否包含了一个默示的承诺，即公司是否承诺予以更新。在某种程度上说，这种方法建立在合同法的原理之上。如果公司承诺向投资者更新相关信息的重要发展，那么不更新意味着没有重要发展，因此也没有误导性。通常的盈利预测不包含这种默示的承诺，而诸如并购陈述或许就有。此观点本质上类似于第一种观点，具有更新义务的信息范围十分广泛。

第三种观点认为，在特定情形下，投资者可能继续信赖先前的陈述，如前瞻性陈述，此时公司就有义务对其予以进一步披露。Backman V. Polaroid 案所确立的更新义务范围比 Ross V. A. H. Robins 案确立的更狭窄，因为它要求先前的陈述必须带有预测性质。

上述三种观点其实代表了不限定信息种类和限定信息种类两种情况。前者将作出当时是准确的但因事后发生的事件使之成为误导的陈述都纳入其中，而不论信息属性如何；后者则将其仅限定为前瞻性信息。从更新义务具体实施后的效果来分析，如果对更新义务进行过宽解释，将使其他基本的披露义务黯然失色。理论上来说，任何后来重要的事项都可能实质地改变任何之前的公告或自愿披露。此时，过宽解释实际上是向公司施加了持续披露义务。将定期披露或临时披露与无限制更新先前信息衔接起来，实际上就是创设了一种新的持续披露义务。

因此，更新义务应当排除历史事实的适用，且仅限于在公开文件或陈述中的预测前瞻性信息。这一适用范围较好地平衡了各主体间的利益诉求。对此，各种观点取得了较为一致的意见。原因有如下几点：一是前瞻性信息大多是自愿披露的，公司在获得这种自愿披露带来的收益时也应当承担持续更新的义务。二是投资者可以合理预期。当公司作出一个明确的预测，该预测被证实错误或不准确时，公司须承担纠正或更新的成本。三是预测提供了一个阅览公司大量内部信息的窗口，预测信息通常从公开的历史事实中难以获得。四是法院在证券案件中自我克制。如果对更新义务没有限制，该制度就构成了持续披露制度。监管部门亦是如此。例如，尽管美国证监会在制定 Form 8-k 时被赋予要求披露所有重大事项的权力，但最后还是选择了相对保守的披露要求。

如果对其不加克制，自愿披露的持续更新会与广泛且明确的信息披露要求并存，这显然不符合信息披露制度的初衷。

四、法律规制建议

目前，我国虽然已初步建立自愿性信息披露的框架，该框架涵盖了首发上市和持续披露等阶段，在规范性文件层面也已建立了类似安全港豁免条款以鼓励公司主动进行自愿披露，但由于实践中存在诸多问题，在一定程度上影响了自愿披露功能的发挥，自愿性信息披露的实际效果并不理想。基于上文的分析研究，提出如下具体规制建议。

一是合理界定强制披露和自愿披露的具体项目。强制披露和自愿披露的区分有时仅是形式上的，同样的披露项目采取强制披露或自愿披露方式，效果可能会有较大区别。实证研究发现，年度报告中自愿性信息揭露水平越高，企业反映出的信息不对称程度越轻。就降低信息不对称程度的立场而言，鼓励、督促企业提升自愿性信息揭露水平的效果明显优于以法令强制企业从事信息之揭露。因此，应着眼于具体披露内容的属性，进一步厘清披露项目到底是纳入强制披露抑或自愿披露范围，以充分发挥披露制度的效果。

二是证券交易所制定相关自愿性信息披露指引。（1）制定关于自愿性信息披露的一般指引，明确规定自愿性信息披露的法律定位、披露标准及更新义务。（2）近年来，上交所将战略合作协议签订、高送转等纳入上市公司临时公告予以重点监管，对某些类型的自愿性信息披露事项如社会责任信息、环保信息制定了专项披露指引，以上都取得了较好效果。因此，继续筛选较为成熟的信息类型或容易引起投机炒作的市场热点，制定相关的具体披露指引，统一披露的内容要素和格式，既方便公司披露，亦有利于投资者阅读和相互比较。例如，针对化工公司的停产检修事项，可以规定公告中必须包括检修装置、起止时间、预期影响等要素。

三是证监会强化针对性监管。在外部监理机制对财务盈余预测精准度的实证结果中，主管机关审阅对财务盈余预测精准度呈现显著的影响[1]，这为监管部门的监管可以提升自愿披露的水平提供了实在证据。因此，监管部门应当在进行相关自愿披露研究的基础上，强化监管的针对性和实际效果。例如，实证研究已经发现，营收目标压力和自愿性财务预测发布次数均与舞弊爆发的概率呈现显著正相关[2]；发布预测的公司为经营绩效较佳者；公司规模越大，其自愿性盈余预测披露的意愿越强；公司举债程度越高，自愿性盈余预测披露的意愿越低；在股权较为集中时，机构投资者更倾向于对自愿性信息披露程度产生正面影响；股权集中且机构投资者为稳定型时，机构投资者持股比例对自愿性信息披露的正面影响更大。监管部门应当根据类似的实证研究结果进行针对性和细化的监管，督促具有相关特征的公司提高自愿披露水平。

四是公司建立自愿性信息披露的评估机制。鉴于公司自愿性披露信息的内容繁多、性质相异、重要程度不一，公司宜成立由相关高管人员组成的评估小组，对于拟自愿披露的信息进行筛选，以达到过滤无意义信息的目的。具体评估时建议分为五个步骤：（1）识别对于公司成功尤其重要的经营方面、成功因素。（2）确认管理层管理过去及未来关于这些成功因素的战略和计

---

[1] 黄劭彦、锤宇轩：《强制性与自愿性财务预测制度下外部监理机制与财务盈余预测精准度之关联性》，《证券市场发展》2012 年第 3 期。

[2] 陈雪如、林琦珍、柯佳玲：《自愿性资讯揭露对财务报导舞弊侦测之研究》，《会计与公司治理》2009 年第 2 期。

划。（3）确定管理层测量和管理实施这些战略和计划的绩效指标和运营指标。（4）考虑自愿披露公司的前瞻性战略、计划、业绩指标是否损害公司的竞争地位，影响竞争地位的风险是否超过了自愿披露所带来的收益。（5）如果披露是适当的，决定如何更好地自愿披露信息。

第三节 自愿性信息披露的法律规制：以盈利预测为例

一、概述

盈利预测是自愿性信息披露中很重要的一种信息类型，目前世界各主要市场大都已建立盈利预测制度及相关配套机制。该制度之所以受到重视，原因在于：一是历史性财务报表主要是提供公司过去的运营成果，无法提供前瞻性信息。二是该制度侧重于满足中小投资者的信息需求。例如，我国台湾地区证券市场结构以散户为主，而散户所拥有的信息通常较为缺乏，导致其无法正确判断公司的好坏，常常遭受损失。为辅助提高其投资决策水平，我国台湾地区于 1997 年便开始推动实施盈利预测制度。

盈利预测制度主要分为自愿性和强制性两种。所谓强制性盈利预测是指强制要求上市公司编制盈利预测报表并加以公告；而自愿性盈利预测是指公司依其自由意愿来进行盈利预测，但仍必须遵循法规所制定的程序。盈利预测属于前瞻性信息，不同于前景性信息，后者一般包括公司战略、发展计划、目标措施等，具有较大的确定性和可执行性，属强制披露范畴，如美国的 S-K 条例 303 项目关于管理层讨论与分析的相关要求等。而盈利预测由于具有高度不确定性，世界各主要市场国家或地区多以自愿披露为原则，以强制披露为例外。当然也有一些国家或地区完全实行自愿披露，如美国 S-K 条例 10（b）项目鼓励公司在提交给美国证监会的文件中披露关于未来经济表现的信息。这些信息必须基于诚信原则且有合理基础，包括但不限于收入、净利润、每股收益等，还必须以适当格式表述，以免引起投资者误解。

二、主要市场国家或地区盈利预测制度比较分析

盈利预测制度作为一种满足投资者前瞻性信息需求的重要制度，自 20 世纪 70 年代以来就陆续被世界各主要市场国家或地区采纳。但由于法律规制传统、商业运营实践等方面的不同，该制度在具体设计上又呈现少许差异。

（一）规制方式比较

首先，披露方式的强制程度不同。盈利预测的披露方式分为自愿披露的单行制和自愿和强制披露的并行制，且以后一种方式为主。美国实行完全自愿披露，这大概是美国证监会从禁止前瞻性信息披露到允许其披露转变后的必然选择，能较好地在满足投资者信息需求和防范公司诉讼风险之间取得平衡。实行并行制的国家或地区较多，以自愿披露为原则，以强制披露为例外。例如，加拿大规定股票上市期间或证券发行的说明书必须出具财务预测，除此之外，禁止公司发布财务预测；新加坡除股票上市（包含首次申请上市及后续现金增资发行新股）和主要资产取得、处分外，未强制要求公开财务预测；英国和我国香港地区除购并报

价及募股计划书外，均采用自愿披露方式。

其次，盈利预测涵盖期间不同。盈利预测不同于盈利预告，是对未来一定期间的盈利状况作出估计，因此涵盖期间是其必备的要素之一。预测期间的确定应考虑使用者的需要、公司有无建立基本假设的能力、所属行业周期性特点等因素。预测期间一般与公司会计年度的起止时间相同，美国、加拿大等国家就是如此。同时，部分国家或地区另作规定，如我国香港地区的预测期间结束日与审计报告的年度结束日相同，但营业年度超过 10 个月或公司基本经营情况能够合理估计时，就需要提出下个年度的预测数额；在英国，预测期间规定得更为灵活，可包括已经结束但尚未发布财务报告的会计期间、当年度会计期间或当年度及下一会计期间。

再次，金额表述方式不同。大多数国家采用单一数额或区间估计的方式，如美国、加拿大、新加坡。当然有的国家或地区对此并无明确的规定，如英国和我国香港地区。

最后，修正盈利预测的时机不同。从主要市场国家来看，几乎所有的国家都要求在适当条件下对其予以及时更新，这显示了更新义务的强制性特征。从更新义务的适用条件看，又分为几种情况：一是当基本假设或事件对财务预测有重大影响时，应予以更新。更新时应先将原先发布的财务预测撤回，并说明变动原因，加拿大即属于此种情况。二是当公司财务状况或经营绩效改变对上市股票发生重大影响时，应通知重大信息处理中心，英国即属于此种情况。三是当公司管理层判断盈利预测错误需要更正时，应通知投资者；若因实际营运结果、基本假设、其他事件、环境因素等，而改变财务预测结果，公司管理层可决定是否更新预测，或仅发布原已公开的财务预测因故不再适用的说明。四是未有明确规定，但若有证据显示实际绩效与预测有异，应立即提出报告，并对差异进行解释，新加坡即属于此种情况。我国香港地区则无更新义务的任何明文规定。

（二）规制方式述评

预测信息具有与生俱来的重大不确定性，其编制又受到公司管理层诚信意识、经营环境迅速变化等因素制约，即使经过严格规范，也不能保证预测数额与实际盈利水平一致，存在误导投资者预期的可能性。正是由于这样的原因，各国于1970年前普遍禁止发布盈利预测。但是盈利预测确实能够消除投资者与公司管理层之间的信息不对称、提供投资者所需的重要决策信息，因此在平衡多方利益诉求的基础上，世界各主要市场自1970年度后就逐渐改变了禁止的态度，有的国家如美国转向自愿披露，有的国家如英国采用自愿性与强制性并行的规制方式。这两种方式并无优劣之分，是各国在考量公司管理层诚信水平、基本假设预计能力、投资者专业知识及成熟程度、获取信息的渠道等多种因素后，根据本国国情自行选择的结果。而且，上述主要证券市场国家的规制方式也是历经多次演变而来，不排除未来发生变化的可能性。

虽然规制模式不同，但都有相应的配套制度跟进，以保证取得预期效果。在采用完全自愿公开的国家如美国，为鼓励公司多披露自愿性信息而确立了安全港原则。即，如果盈利预测是根据诚信原则编制的，且编制当时所采用的基本假设都是合理的，那么即使最终未能实现预测数额，公司亦不需要负责，以避免公司因发布盈利预测可能带来的诉讼问题。同时，在两种规制模式之下都要制定相关编制准则，由证券监管部门制定盈利预测的公布时间、披露内容、涵盖期间、金额表达、会计师审核方式等规范。

三、我国三种类型盈利预测实证分析

（一）股票发行盈利预测

首次公开发行股票和上市公司发行新股盈利预测的披露模式演进历史，总体上可以划分为三个阶段。

第一阶段是 1993 年至 1999 年的强制披露模式。1993 年的《公司法》和《股票发行与交易管理暂行条例》都要求发行人在招股说明书中披露第二年的盈利预测。虽然证监会于同年发布的《招股说明书》中将此改为自愿披露，但对于股份制改组上市公司则规定必须披露盈利预测。尽管 1996 年将新股发行定价改为以过去三年已实现每股税后利润的算术平均值为依据，消除了发行定价环节必须作出盈利预测的规定，这初步显示出自愿披露的倾向，但并不能说自此就实行了自愿披露。因为在 1999 年年底之前盈利预测是招股说明书的必备内容，公司实际上还是需要予以对比披露，其成为一种事实上的强制披露。

第二阶段是 2000 年至 2005 年的自愿披露模式。2000 年 4 月30 日，中国证监会发布《上市公司向社会公开募集股份招股意向书的内容和格式（试行）》，明确上市公司对盈利预测采取自愿披露的形式。2001 年修订《招股说明书》时将盈利预测由强制披露转变为自愿披露，并对自愿披露盈利预测提出了编制格式、说明内容、警示提示等方面的详细要求。

第三阶段是 2006 年至今的自愿披露和强制披露双重模式。2006 年修订的《招股说明书》规定，如果发行人认为提供盈利预测报告有助于投资者作出知情决策，而且发行人确信有能力对一定期间的盈利状况作出比较切合实际的预测，发行人可以编制盈利预测报告并予以披露。同时，若发行人本次募集资金拟用于购买重大资产的，则应当披露发行人假设按预计购买基准日完成采购时的盈利预测报告及假设发行当年 1 月 1 日完成购买的盈利预测报告。无论是自愿还是强制提供的盈利预测报告，都应由符合资格的会计师事务所审计或审核。

（二）重大资产重组盈利预测

上市公司重大资产重组盈利预测演进历史，总体上也可以划分为三个阶段。

第一阶段是 1990 年至 2001 年年底，没有上市公司重大资产重组盈利预测要求。这一阶段的重大资产重组通过反向并购使上市公司避免退市或者符合后续的股票发行要求。监管者以"走走停停"的方式监管，将其作为避免退市、改善资产质量的方式，因此并无盈利要求。

第二阶段是 2002 年至 2014 年 11 月，对上市公司重大资产重组提出全面盈利预测要求。在这一阶段，为应对关联方交易、控股股东与发行人之间的同业竞争、虚假重组盛行等情形，证监会以通知形式要求所有上市发行人强制作出盈利预测，并在重新审视过于乐观的盈利预测情况之后，规定相应的惩罚措施。2008 年，证监会制定了《上市公司重大资产重组管理办法》，对盈利预测采取行政措施和民事补偿相结合的规制方式，目的是防止将高估资产出售给上市公司，同时防止上市公司以低价进行重组。该政策包括三项要求。首先，强制披露盈利预测。上市公司购买资产的，应当提供拟购买资产的盈利预测报告。上市公司重大资产重组明确属于并购重组委审核范围以及发行股份购买资产的，还应当提供上市公司的盈利预测报告，并应经符合资格的会计师事务所审核。上市公司确有充分理由无法提供上述盈利预测报告的，应当说明原因，在上市公司重大资产重组报告书中进行特别风险提示，并由管理层就本次重组对上市公司持续经营能力和未来发展前景的影响进行详细分析。其次，比较列示差异数额并签订明确补偿协议。重大资产重组完成之后，对于公司及相关资产的实际盈利数与利润预测数的差异情况，公司应当在有关年度报告中单独予以披露，并由符合资格的会计师事务所出具审核意见。资产评估机构若采用收益现值法等对拟购买资产进行评估的，对于实际盈利数与利润预测数的差异情况，公司应当在重组完成之后3年内的年度报告中单独予以披露，并由符合资格的会计师事务所出具审核意见；同时，交易对方应当与上市公司签订明确可行的补偿协议，对相关资产实际盈利数不足利润预测数的情形作出妥当安排。最后，差异化的监管措施。重大资产重组完成之后，除非有正当理由，否则，上市公司实现利润未达预测数额80%的，公司董事长、总经理及负有责任的相关中介机构应当在披露年度报告的报刊上予以解释说明，并向投资者公开道歉；实现利润未达预测数额50%的，监管部门可以对上市公司、相关中介机构及其责任人员采取监管谈话、出具警示函等监管措施。

第三阶段是2014年12月至今，全面取消盈利预测要求。国务院将重大资产重组作为市场化配置资源的一种重要方式，着力发挥市场机制的决定性作用。在此背景下，证监会修订了2008年《上市公司重大资产重组管理办法》。修订后的管理办法具有如下三个特征。首先，以管理层讨论与分析取代强制性盈利预测，同时允许上市公司自愿披露盈利预测。上市公司应当在管理层讨论与分析中，详细分析重大资产重组对公司未来发展前景、当年每股收益等财务和非财务指标的影响。允许上市公司提供盈利预测，且如果提供则必须由符合资格的会计师事务所审核。其次，被重组方区分为关联方和非关联方，并适用不同监管规定。就关联方而言，对于相关资产的实际盈利数与利润预测数的差异情况，公司应当在重组完成之后3年内的年度报告中单独予以披露，并由符合资格的会计师事务所出具审核意见；交易对方应当与上市公司签订明确可行的补偿协议，对于相关资产的实际盈利数不足利润预测数的情形作出妥当安排；预计将摊薄上市公司当年每股收益的，上市公司应当提出填补每股收益的具体措施。就非关联方而言，上市公司与交易对方可以根据市场化原则，自主协商是否采取业绩补偿和每股收益填补措施及相关具体安排。无论是被重组方的关联方还是非关联方，独立财务顾问在构成借壳上市情形下的4年期间、其他情形下的2年期间，必须出具持续督导意见，分析比较盈利预测的实现情况、相关业务的发展现状。最后，在监督管理方面，完全实行了2008年《上市公司重大资产重组管理办法》中所确定的"胡萝卜+大棒"的差异化监督管理措施。

（三）持续披露阶段的盈利预测

持续披露阶段的盈利预测有三种类型：一是年度报告盈利预测。公司可以在当年的年度报告中预测下一年度的盈利情况，无须由符合资格的会计师事务所进行审核。自此，公司便通过向交易所提交临时公告的形式，负有了及时更新先前盈利预测的义务。若公司实际经营业绩低于或高于曾公开披露过的本年度盈利预测20%以上的，在下一年度报告中，应当从收入、成本、费用、税负等相关方面说明造成差异的原因。二是半年度报告、季度报告盈利预测。公司如果预测年初至下一报告期期末的累计净利润可能为亏损或者与上年同期相比发生重大变动，应当予以警示，并说明原因。同时，如果公司预计本期业绩与已披露的盈利预测有重大差异的，应当发布盈利预测更正公告，内容包括存在的差异及其原因、董事会致歉说明和对公司内部责任人的认定情况；公司若连续两年或三年亏损，还需要公司股票可能被实施或者撤销风险警示、暂停上市、恢复上市或者终止上市的说明。其实，在2002年证监会确定了"前一季度预告后一季度业绩"原则后，上半年业绩情况已提前到一季度报告中进行预测，但第二季度结束后，上半年经营结果与第一季度报告中载明的预测数值有显著差异时，公司还应及时公告，并说明原因。三是业绩快报盈利预测。该制度起源于2000年的信息披露监管实践。对于存在年报财务信息泄露情形的公司，证券交易所非正式地要求公司提前发布未经审计的年度财务报告信息。2004年证券交易所上市规则对所有类型的定期报告施加了泄露即须及时披露的义务。自2006年起，证券交易所正式将业绩快报确定为自愿披露的一种披露载体。一般情况下，业绩快报是自愿披露的，但一旦决定披露就需要遵守披露内容与格式方面的规定。

（四）我国盈利预测信息披露制度评析

对于盈利预测，监管部门始终面临一个两难的选择：一方面，应当鼓励公司主动披露盈利预测信息，助益投资者提高知情决策水平[1]；另一方面，应当考虑对虚假披露预测信息者予以法律制裁，同时又不至于打击善意公司披露此类信息的积极性。正是纠结于这个两难问题，我国不同时期不同披露文件中的盈利预测规

---

[1] 张琪：《试论盈利预测信息披露的管制》，《中国政法大学学报》2003年第8期。

制模式才会出现差异。从盈利预测发展演进的角度分析，该制度呈现如下特征：一是交易触发型的披露文件曾经多倾向于强制披露，如招股说明书或重大资产重组报告；而持续披露文件如年度报告等则一直实行自愿披露政策。二是交易触发型披露文件即使被改为自愿披露，则如果披露盈利预测也必须由会计师事务所予以审核；而对于年度报告，在 2007 年之前需要审核，之后未再作强制要求。三是整体上呈现由强制披露向自愿披露转变的趋势。目前，除招股说明书中募集资金用来购买重大资产需要强制披露盈利预测外，其他无论何种交易类型、披露文件都采取自愿披露盈利预测的制度。

我国实行以自愿性盈利预测为主的制度后，首发上市的披露率由强制政策下的 97.32% 下降到 2012 年 3 月自愿政策实施后的不足 5%。在持续披露方面，虽然业绩快报公司家数较多，但年度报告包含盈利预测的家数少之又少。从制度规定角度看，可能有以下几个问题影响了公司的披露意愿。

首先，对于盈利预测缺少系统性规定。其规定散见于行政法规、部门规章及规范性文件中，不仅层级位阶较低，而且规定内容也不尽相同，有的甚至互相冲突，造成适用上的无所适从，降低了上市公司的披露意愿。具体表现为：一是证监会要求的盈利预测期间分别是半年度、第三季度和年度预测。深圳证券交易所遵守该要求，而上海证券交易所只要求进行年度盈利预测，将半年度和第三季度盈利预测留给上市公司自主决定。二是在证券交易所规则项下，对强制披露的业绩预告等披露要求较低，提交的主要文件是董事会的有关说明；而对自愿披露业绩快报或盈利预测的披露要求较高。前者提交的主要文件是经公司现任法定代表人、主管会计工作的负责人、会计机构负责人签字并盖章的比较式资产负债表和利润表；后者在修正盈利预测时需要提交的文件，包括董事会说明、确认修正依据及过程是否适当和审慎的函件、会计师关于实际利润与预测数额有所差异的说明。

其次，对盈利预测披露的监督管理措施似乎有失妥当。例如，若当年的实现利润数低于预测数的 10% 至 20%，公司及会计师应当公开作出解释并致歉；若低于 20% 以上，除公司及会计师公开解释并致歉外，证监会还要进行核查，并视情况对公司及会计师作出相应的处理、处罚。这种单纯因事后事实与预测数额不一致而采取处罚措施的做法不符合公司经营运作规律，也未对盈利预测中的事实和观点予以区分，从而在责任适用上依据不足。

再次，目前关于财务预测的会计制度，仅有《独立审计实务公告第 4 号——财务预测审核》，且其只是要求财务预测应经会计师审核，而赖以形成财务预测信息的具体会计准则却付之阙如。

最后，盈利预测的格式与内容有待于进一步完善。无论是在初级市场还是次级市场，披露财务预测信息均有其必要性。在一级市场，披露财务预测信息可以让投资者了解其所投入资金的潜在效益；在二级市场，财务预测是投资者能否作出最佳投资决策的关键因素之一。也正因为目的不同，信息披露的格式与内容应各自配合其目的而有所不同。在一级市场，应主要侧重于公司取得资金后未来财务状况与经营绩效的可能变化；在二级市场，信息释放时点、内容、格式等应更切合投资者的需求。

四、法律规制建议

（一）构建统一的历史性信息和前瞻性信息的综合披露制度

将目前由证监会定期报告制度和证券交易所临时公告制度共同规制的盈利预测调整为统一由证监会制定规则予以规范。具体而言，在该规则中，明确通过临时公告进行业绩预测的情形；明确盈利预测期间分别是半年度、第三季度和年度预测，不允许另行取舍；对于盈利预测的自愿披露和强制披露要求提供的文件，前者比后者披露要求要低。

（二）将以事后变化为基础的机械执法转向以事实为基础的个案判断

美国证券法的反欺诈条款规制的是任何"对于重大事实的虚假陈述"，而不是"虚假陈述"。二者对于事实和观点的陈述在确定性和明确性上具有显著不同。当然两者也具有密切关系：一个明确的观点是以事实为依据作出的。因此，在1994年，美国证监会即确定了"隐含事实判断"原则来界定预测和观点陈述中的不实事实陈述欺诈责任。根据该原则，盈利预测中虚假陈述不能自动地用预测数和实现预测数之间的差额来事后判断。换言之，公司当时作出预测时是真诚相信且有客观基础的，因此预测即使最终被证明是错误或不准确的，也不能向公司施加责任。相反，如果是事前错误，即一个前提假设本身具有重大性错误，或者遗漏了一个重大事实，而该事实又与一个理性投资者从预测事实作出公平推断相抵触，则公司应当受到处罚。

我国证监会采取了一个明线标准规制预测行为。事前，公司被明确要求保证盈利预测的准确性和客观性。事后，如果预测数额不准确，超过为所有行业制定的统一的标准，则要受到惩罚。这种事前的保证准确性对于投资者保护而言是不利的，预测信息的使用者需要的是与这种预测相关的不确定性和有意义的警示。这种事后的惩罚机制扭曲了预测行为，影响了预测的资源分配功能的发挥。建立于事后单纯变化基础上的执法导致错误的责任追究，抑制了自愿披露行为。同时，欺诈性预测如果实现就会导致错误的保护，这也会减少执法的阻止效果。因此，建议在错误陈述中引入"事实与观点"概念，重构以事后变化为基础的机械执法模式，转向事前预测是否有假设错误等以事实为基础的个案判断模式[1]。

（三）加强对自愿性信息披露的规制和审核

根据实证研究结果，企业披露或更新其盈利预测信息，确有影响证券价格变动的效果。也就是说，自愿披露能够为投资者提供需要的信息。但与此同时，自愿性信息披露较强制性披露存在更高的盈余管理可能性。从政策导向来说，应当鼓励公司进行自愿性信息披露，但这不必然伴随高度的公信力。因此，应当针对包括盈利预测在内的自愿性信息披露机制与配套措施加以调整与管理，才能有助于整体信息披露透明度的提升，并真正达到自愿披露的效果。例如，鉴于实证结果显示主管机关审阅对于提高财务盈余预测精准度呈现显著正向影响，因此监管部门更应主动并积极地进行公司信息披露的监管，以便投资者在盈利预测信息的使用上获得保障。鉴于自愿披露盈利预测主要是想将"好消息"

---

[1] 林凤仪、苏信安：《自愿性信息揭露与强制性信息揭露之盈余管理》，《管理学报》2011年第4期。

披露给投资者以提高股价，并且与其他同业区分开，因此应当加强行业性信息披露的监管力度等[1]。

第四节 行业信息披露的法律规制

一、行业信息披露内容实证分析

（一）基于法律文本的分析

不同行业在商业模式、盈利和竞争优势等方面呈现差异化特点，现有的信息披露规则难以充分覆盖。为进一步提高信息披露的针对性和有效性，截至 2018 年 4 月底，除证监会制定金融行业披露指引外，沪深交易所共研究制定了 39 个行业信息披露指引。具体情况为：深交所从 2013 年 1 月发布创业板行业信息披露指引第 1 号和第 2 号开始，共发布 10 个信息披露指引，涵盖互联网游戏、电子商务、节能环保等行业；从 2015 年 12 月发布主板行业信息披露指引第 1 号至第 3 号开始，共发布 9 个信息披露指引，涵盖房地产、土木工程建筑、畜禽养殖等行业。上交所从 2015 年 9 月发布行业信息披露指引第 1 号至第 7 号开始，共分 3 批发布 20 个信息披露指引，涵盖煤炭、钢铁、电力等行业。

上述行业信息披露指引贯彻了以下原则：首先，坚持强制性和自愿性相结合的原则。指引不仅要求公司按规定披露对投资者

---

[1] 黄劲彦、镭宇轩：《强制性与自愿性财务预测制度下外部监理机制与财务盈余预测精准度之关联性》，《证券与期货市场评论》2012 年第 3 期。

决策有重大影响的行业经营性信息，还鼓励引导公司围绕行业当前发展中遇到的实际问题，主动规范地进行自愿披露。其次，坚持相关性、可比性原则。指引要求公司结合实际经营情况，合理引用行业数据，保持前后披露口径一致。最后，采用"不披露即解释"原则。上市公司若确实存在客观原因，难以按照具体行业指引披露相关行业经营性信息的，指引要求公司向市场投资者解释不能披露的详细原因。

从行业信息披露指引内容角度来分析，其体现了如下特点。

一是聚焦行业经营性信息。上海证券交易所明确将披露内容界定为"与上市公司业务相关的行业信息和经营性信息"；深圳证券交易所虽然没有明确界定，但从规定的具体内容来看也是侧重于此。行业信息和经营性信息大都立足于投资者需求，紧密围绕反映公司价值与风险的核心要素，进一步细化为行业宏观影响、业绩驱动因素、多维度分析的经营数据等方面，对于投资者而言，信息的价值相关性强。如果对其进一步类型化，这些信息或许可以概括为以下三类。（1）一般性行业信息，如行业周期性、行业竞争格局、行业资质、市场需求特点、资本密集属性等。（2）业务经营性信息，如业务模式、市场份额变化、产品分类、研发能力等。（3）财务经营性信息，如行业特殊的收入确认条件、店效信息（店面平效、平均销售增长率、门店可比营业收入、净利润的变化情况）、注册用户人均消费金额、上网电量和电价、存货与往来款营运周转情况、成品酒、半成品酒（含基础酒）的期末库存量等。

二是量化重大性标准。重大性标准在证券法律法规里是定性描述，在相关证券法律实务中根据行业惯例会确定相应的量化标准。上述披露指引借鉴证券法律实务中的经验，直接将重大性标准予以量化，从源头上过滤冗余信息。例如，相关业务收入或利润分别占上一年度主营业务收入或净利润 10% 以上的，才需要披露相关经营业务信息；在多业务情形下，则适用 30% 的重大性标准。

三是细化信息披露的一般规定。沪深交易所的披露指引注重可操作性，在相关行业重大事项披露时细化了持续性、及时性披露原则。例如，上市公司重大钢铁投资项目需上报相关主管部门审批的，公司应按分阶段披露的原则，及时披露申请、受理、批复、终止等进展情况。公司提出撤回药品注册申请或知悉药品注册已经审批结束但尚未取得批件时就应当及时予以披露。另外，重大合同在相关行业中有哪些具体类别、收购标的资产质量具体行业表现指标、年度经营计划涉及的产品产销量等都从行业角度予以明确细化。

四是较好地融合行业主管部门相关政策要求。近年来，环境保护等行业主管部门对上市公司提出了对"主要污染物达标排放情况、企业环保设施建设和运行情况以及重大环境事件的具体信息披露要求"。披露指引在融合其披露要求的基础上，立足于投资者决策需求，进一步规定这些要求将在哪些具体方面对公司产生何种具体影响。例如，公司还应披露报告期内环保投入情况及其占营业收入的比重。另外，该等部门颁布的国家或地方环保政策等发生重大变化的，上市公司除应当及时披露相关情况及其对公司的影响外，还应当披露公司执行环保政策所需要的经营性、资本性支出和其他预算。在受到行政处罚时，上市公司还应当披露其对公司当期自来水供应量、污水处理量等经营指标的影响及公司拟采取的应对措施。

与此同时，研读上述行业信息披露指引也发现一些问题。

（1）披露内容取舍标准不明确。例如，同样是医药行业，相关项目披露深度却不同。上海证券交易所对于药品研发事项，要求披露按主要药品划分的研发投入及其占营业收入和成本的比例、研发投入与同行业公司比较等详细信息。深圳证券交易所对药品研发投入披露要求则较为简略。（2）有些内容似乎不能体现行业特有的经营属性。例如，工程机械行业被要求披露产能扩张、资产收购等重大投资计划；装修装饰行业被要求披露安全生产制度运行情况等。

其次，披露项目适用强制或自愿披露方式标准不明确。相关行业披露指引之中，有的项目采取强制披露方式，有的项目采取自愿披露方式，但划分依据似乎不太明确。例如，医药行业应当按照药品的主要治疗领域披露营业收入等情况，同时可以按照主要药品分类等其他标准，进一步多维度地披露经营信息。按一种分类标准强制披露相关信息，按其他分类标准自愿披露其他信息，目的是减轻公司披露成本，应当说这是比较妥当的政策选择。但是，规制方式并未一以贯之。例如，行业披露指引要求服装行业公司按品牌、门店类型、线上线下销售渠道等分类予以披露。另外，同一项目在沪、深交易所的规制方式也不一样。例如，对于房地产行业的新增土地储备，深圳证券交易所鼓励每月披露，上海证券交易所则要求每月或每季度必须予以披露。

再次，披露指引相关要求与证监会部门规章的规定冲突或披露指引相互之间不协调。前者表现在需要临时公告的重大事项方面。例如，《上市公司信息披露管理办法》明确规定信息披露义务人在公司网站和其他媒体发布信息的时间不得先于指定媒体，但有些披露指引却规定因市场宣传活动需要，上市公司在非指定媒体上发布信息导致公司股票及其衍生品种交易价格出现异常波动的，应当及时在指定媒体刊登相应澄清或者说明公告。对于某些特定行业而言，市场宣传活动中发布的事项往往是重大的，似乎应该在指定媒体中先行予以披露。后者表现在对于相关事项变化情况，有的要求强制予以披露，有的则允许自愿予以披露。例如，新投产项目发生5项重大变化的，应当及时披露。而行业竞争优势和优势产品的变化情况，包括重大选题、签约知名作者、重要版权、打造畅销书籍等，公司可以量化分析对公司的影响，自愿披露。

最后，有些披露指引的相关项目披露弹性空间较大，不具有可操作性；有的披露项目容易产生模板化披露，不能提供增量信息。前者例如，演职人员的个人影响力变化等情况；后者例如，质量控制体系、执行标准、控制措施等情况。可以预见的是此类项目的披露效果不会太理想。

（二）基于公司披露实践的分析

本书以制药行业为例，从沪深证券交易所分别选取5家公司进行实证分析，以期反映医药行业信息披露的实际情况。其中，该行业存在的一些普遍性问题或许其他行业也不同程度地存在。

1. 深圳证券交易所相关实践分析

深圳证券交易所从事药品、生物制品业务披露指引，主要对药品研发、注册、生产、销售情况提出了具体要求。通过对华仁药业、香雪制药、尔康制药、海辰药业、振东制药5家公司2018年年度报告和2018年临时披露的实证分析，发现行业信息披露情况整体较好，比较充分地披露了该指引第3条、第4条的内容，如已进入注册程序的药品名称及其注册分类、适应证或者功能主治、注册所处的阶段；占公司同期主营业务收入10%以上的主要药品名称及其适应症或者功能主治等。尤其是尽管该指引并未对研发投入作出强制披露要求，但上述 5 家公司都披露了研发投入金额及占当年营业收入的比例等信息，提供了更具有价值相关性的信息。与此同时，也存在一些问题：业绩驱动因素仅泛泛披露，没有结合药品类别，运用数据进行定量分析；申请注册新药品时，对同类药品的市场状况、研发注册过程中存在的主要风险披露模板化或未予以披露。

2. 上海证券交易所相关实践分析

上海证券交易所医药制造披露指引涵盖内容则要广泛得多。除深圳证券交易所披露指引内容外，年度报告还包含医药行业相关政策法规的变化、细分行业市场竞争情况、研发投入、销售费用等。在临时披露中，除深圳证券交易所披露指引规定的内容外，还包含拟实施重大医药投资项目、重大环保事故等。其中，某些事项实际上是细化了年度报告的一般性披露要求，如医药行业的"报告期内发生的重大事项"。作为受到高度管制的医药行业公司，该事项在年度报告中予以披露是应有之义。某些事项虽然按照重大性标准也应当披露，似乎不宜再重复规定，但结合行业特点对其提出进一步的披露要求，为投资者提供了增量信息，因而是有意义的。例如，拟收购医药制造业资产的，还须披露收购标的的主要药品基本信息、是否属于中药保护品种、是否属于处方药等。

通过对哈药股份、恒瑞医药、复星医药、康美药业和康恩贝等 5 家公司 2017 年年度报告和 2017 年临时披露的实证分析，发现"经营情况讨论与分析"部分的"行业经营性信息分析"整体较好，例如，披露了主要药品基本情况、研发投入、销售费用等信息。披露指引要求披露的内容越具体，实际披露情况质量越高。

其中，康美药业还适用"不披露即解释"原则，认为公司主营业务以中药材和中药饮片为核心，单个种类或单个品规从重要性原则角度出发，不适用"主要药（产）品"之披露标准。同时，大部分的中药材、中药饮片没有单一可量化的疗效和固定的治疗领域，不适用"主要药（产）品"和"治疗领域"的披露标准。

但也存在一些问题，主要表现在行业经营性信息如何更好地融入年度报告的现有披露章节之中。就披露内容而言，主要问题是存在重复现象。例如，在披露"主要业绩驱动因素"时，一般会涉及研发投入、主要药品等对公司持续发展的支撑作用；而这些内容往往在"药品研发情况"等行业（经营）性信息披露中亦会涉及。就披露位置而言，主要问题是相同内容的披露位置不同，给同类公司的相互比较带来不便。例如，就行业基本情况而言，有的公司在"公司业务摘要"中予以披露，有的公司则在"经营情况讨论与分析"中予以披露，尽管这可以通过索引方式简化披露，但在阅读连贯性和对公司整体价值的理解效果上或有差异。

通过上述分析，可看出无论是上海证券交易所还是深圳证券交易所的公司都提供了大量投资者关心的行业经营性信息，信息披露有效性大幅提升。从以点带面的角度来分析，两个交易所医药行业存在的共性问题，或许在其他行业也存在。一是部分行业信息披露模板化。关于公司所处细分行业的市场竞争情况、公司市场地位等叙述性、非量化的信息披露尤其如此。二是使用专业术语但未予以解释，造成投资者理解上的困难。例如，年度报告谈及在研药品"重组抗 EGFR 人源化单克隆抗体注射液"时，披露了该药品名称但未披露适应证或者功能主治等信息。三是重大持续性信息披露不及时。公司通过相应系统可以查询主管部门审批药品注册的关键信息，如"审批完毕，待制证"等。但上述10

家公司中只有一家披露了该信息。四是有关事项未在临时报告而在年度报告中予以披露等。

（三）简要评述

沪深交易所的披露指引从法律性质上分析，实际上是交易所和上市公司之间达成的一种民事协议，也包含上市公司的意志。因此，上市公司遵守该披露指引也可以理解为一种自愿行为，这也是本书把行业信息披露放在自愿披露部分中予以探讨的原因。而且，从披露实践角度来分析，成熟国家或地区市场化程度较高，披露指引相对较少，行业信息披露主要是通过各种市场力量相互制衡和相互促进作出的，这也进一步说明行业信息披露本质上可以界定为自愿披露行为。

当前，我国证券市场尚处于转型阶段，各类市场主体间的制衡力量未充分发挥出来，因此不能仅寄希望于自愿披露。正因如此，证监会对银行、保险和房产地行业的信息披露作出了特别规定；沪深交易所制定并实施了其他 39 个行业披露指引，以期通过行政强制和自律引导相结合的方式督促上市公司提高行业信息披露水平。可以说，目前，我国的行业信息披露指引体系已经基本成型，且涵盖了经济社会发展的主要行业和热点行业。以上海证券交易所为例，沪市现行 20 个行业信息披露指引，加之证监会上述金融行业披露指引，共计覆盖 700 余家上市公司，其市值占沪市总额超过 80%。这些指引聚焦于行业经营性信息，采取以强制披露为主、自愿披露为辅的方式进行披露，基本能够满足投资者的行业信息需求。

从规制行业信息披露角度来说，如何以解决存在问题为导向，进一步完善行业信息披露指引，或许应当考虑如下问题：如何更好地界定其披露范围；如何通过监管介入更好地引导公司披露；是否需要提升披露指引的法律位阶；等等。下文将逐一进行探讨。

二、行业信息披露监管逻辑与框架

（一）行业信息披露法律定位

对行业因素在提高信息披露质量方面有无作用以及有多大作用，仁者见仁，智者见智[1]。库克（Cooke）认为，制造业类公司比其他行业类公司披露了更多信息；马哈詹（Mahajan）和钱德尔（Chander）认为，在印度的语境下，软件、IT、媒体和通信行业比其他行业披露了更多信息。希内尔（Giner）、奥乌苏－安萨（Owusu-Ansah）和德斯皮娜（Despinaetal）却认为，没有证据支持这种关系。就一般社会经验和常识而言，行业类型极有可能对公司信息披露具有一定影响。处于一个特定行业的公司面临特定的环境，而这个特定环境可能影响信息披露实践。例如，制造类行业的公司与金融服务业类型的公司就具有显著不同。同样的，处于高度管制行业的公司，其经营被严格管控，而这能够显著影响其信息披露实践。

由于受制于行业的专有成本，完全依赖行业因素本身提升信息披露的有效性不太现实。有研究表明在那些竞争较为激烈的行业中，公司会自发地隐瞒一些信息以保护其行业地位。公司是否披露、如何披露行业信息取决于其付出多少专有成本。不同行业的专有成本会根据行业类型的变化而变化，与市场竞争状况、私有信息类型和新公司进入市场的不同门槛相关。在无管制状态下，

---

[1]赵立新、黄燕铭：《构建以投资者需求为导向的上市公司信息披露体系》，中国金融出版社，2013，第91页。

希望公司充分披露行业经营性信息是一种幻想，这也构成制定并实施行业信息披露指引的正当性基础。

行业信息披露指引是现行信息披露制度的有益补充，也适用信息披露的基本原则和要求，即应当披露理性投资者认为对决策有用的符合重大性标准的信息。需要着重强调的是，在行业信息披露的背景下，要深刻理解其特殊内涵。

首先，以理性投资者而不是利益相关者的视角，意味着信息披露不以促进社会目标为目的。在行业主管部门有政策要求披露相关信息时，坚持这一点尤为重要。例如，环保部门要求披露污染物的排放等，目的是通过公众压力改变公司具体行为；药物监管部门要求披露药品安全性和副作用，目的是确保患者的知情权，保证用药安全。但这一类的披露目标往往与证券法律的披露目标是不一致的。以美国为例，SEC（美国证券交易委员会）并没有被授权考虑与联邦证券法无关的社会目标的促进。因此，20世纪70年代中期，在美国环境政策法要求SEC将环境保护作为信息披露的一个考虑因素时，SEC仅是要求公司将其作为业务描述的一部分，必须描述遵守环境保护法律可能对资本支出、收益、竞争地位和环境控制设施的预计支出产生的实质影响。直至2010年，美国根据《多德－弗兰克法案》对某些特定领域增加ESG（环境因素、社会因素、政治因素）披露，但一直没有采取进一步披露要求。

其次，对决策有用意味着行业信息应当聚焦于对投资者而言有经济重要性的基础上，更多地着眼于对财务业绩的影响。行业种类繁多，行业信息性质不同，不应当都要求予以全面披露。特别是对于非财务类的行业信息，要谨慎评估，以确保其极有可能影响公司的财务业绩。毕竟投资者对于环境和社会责任等的信息需求增加，并不是因为投资者的社会自觉和意识增强了，而是因为他们认为这种信息与评估一个公司的长期盈利能力和生存能力具有相关性。因此，若要求披露药品安全性和副作用，就要聚焦于营业收入的影响因素；披露化学品生产的高效节能，就要聚焦于成本的影响因素；披露煤气管道的安全运营，就要聚焦于资本成本的影响因素。尽管如此，由公司决定哪些行业信息需要披露时，还是应当建立在行业内通常理解的重大性标准之上，具体由公司管理层斟酌后作出决定。

由于不同行业信息披露相关性的项目并不相同，如何判断哪些行业信息符合重大性标准并无明确规定，这更多的是一个逐渐理解行业本质和经验积累的过程。理解这一点尤为重要。对于账面价值和股票市场价值之间差距巨大的公司，行业信息应当聚焦于解释产生这种差距的项目。例如，IT、制药和快速消费品行业公司，往往在人力资本、研发和品牌建设等方面投入巨大，因此这类信息的披露就使此类公司的价值得以体现。对受管制行业公司，主管部门对相关事项的审批非常重要。例如，制药公司产品的研发、上市都受到药品主管部门的严格监管，每一阶段的发展都有清晰明确的监管标准和尺度，可以在资本市场上提供清晰具体的披露，供投资者来判断投资风险。因此，要准确地披露药品的审批情况，而不能误导或虚假陈述。美国一家公司向食品药品监督管理局提交某药品第一阶段的试验申请，但在美国食品药品监督管理局收到申请之时，公司却错误地告知潜在投资者，第二阶段试验将会在60日至90日内开始，并且美国食品药品监督管理局将会在一年之内批准该药品。该公司因此而受到调查。对于知识密集型行业公司，在一个公司价值的50%~90%可能来源于无形资产的情形下，聚焦无形资产披露如专有流程、专利、品牌、强大的关系网络等，就可能是重要的。从行业角度看，无论怎样理解重大性标准，底线是不能产生行业信息披露的冗余现象和模板化现象。谨防冗余现象，诚如上述，须坚持至少是行业理解的重大性标准；谨防模板化现象，就是将行业普遍具有的价值和风险，结合每一个公司的具体特征（业务活动范围、业务地点等）予以细化披露。

（二）行业信息披露规制方式

行业信息披露规制方式如下。

一是以规则导向为主，原则导向为辅。披露指引在信息披露规则体系中的定位，是提供具体的、操作性强的披露项目的路线图。在规定一个行业应当披露哪些内容或项目时，应当以列举加概括的方式予以界定，尽量减少公司披露的弹性空间。采取这种规制方式一方面可以使公司提供详细信息，另一方面各公司也可以适用一致从而使披露信息可以被相互比较，有利于投资者作出决策。而在原则导向下，公司享有较大的披露自主权，很少能够提供有价值的增量信息。从披露实践来看，在中外监管机构法定的披露文件中，原则导向下的信息披露有效性很难得到提高。金融危机实践表明，原则导向下的报告中的某些内容如管理层讨论与分析，就没有清晰地披露金融负债和资本资源等。

规则导向更强调强制披露，但公司也可以基于特定事由申请不予披露，这就涉及对"不披露即解释"原则的理解。披露是原则，不披露是例外，应当是其基本定位。从目前我国行业信息披露实践来看，未披露规定项目的情形很少，没有鲜活的案例用于深入探讨该原则。从理论上分析，适用"不披露即解释"原则大概有两种情形：（1）公司基于专有成本、竞争劣势等原因申请不予披露。披露指引作为普遍性规范覆盖了行业内的所有公司，但同时不应对小规模公司造成过分负担。无论怎样强调行业信息披露的重要性，都不能因此而导致对公司经营造成不利影响，甚至恶化公司的经营环境。公司提出该项申请时，监管部门应当分析判断是否构成"过分负担"。这种"过分负担"是预期性的，应当适用"实质可能影响"公司利益标准，具体可以参考界定内幕信息种类之一的"未来软信息"时，如何理解"发生"概念的考虑因素。（2）公司认为达不到重大性标准的申请不予披露。对同一披露项目，因公司规模、产品多样化程度、竞争程度和地位不同等，披露信息可能呈现不同的重要性水平。公司提出该项申请时，监管部门应当要求公司通过量化分析等方式提供详尽说明，并据此作出是否同意的决定。

二是实行标准化披露，便于披露信息相互比较。任何一项信息披露政策的最重要之处在于，能够提供一个披露标准并且各公司的披露信息能够相互比较。对于行业信息披露而言，这一点尤为重要，也具有成功实施的客观基础。标准化意味着披露格式一样，相同内容在年度报告的相同位置披露；披露要素一样，对于具体披露项目能够细化地予以明确，且个别以原则为导向披露的内容亦能明确披露要点。需要强调的是，标准化的披露信息是披露指引的文本要求，各个公司应当结合自身情况作出的披露是差异化的。正是这种差异化的信息披露才有相互比较的意义，才能成为评价公司的重要因素。

三是披露语言要简明易懂，消除理解分歧。为了增强披露的准确性，行业经营性信息经常使用专业术语，但这可能影响投资者的理解使用。因此，须尽量减少使用专业术语，即使使用也应当用通俗的语言对其进行解释，以防止公司和投资者对同一概念有不同理解。例如,对于药品临床试验中的"死亡率"有两种理解。一种计算方法是"存活曲线",即试验期间内一个患者的存活天数。另一种计算方法是在试验期间内患者的死亡比例。又如,新兴行业的无形资产占比较高,由于其具有高风险、不确定性、低可观察性等特点,披露该行业无形资产的价值创造时,亦须用浅白语言进行解释。

四是融合不同部门披露要求,形成内部协调的规范体系。披露指引由证券监管部门制定,但当该行业或事项又有其他主管部门时,由于规制目标、规制对象等方面的不同,该部门的法律法规和政策要求可能会与证券监管部门的披露要求存在冲突。以美国为例,当一家制药公司开展一种药品的早期研究以适用于一个新的适应证时,该药品没有包含重要的安全警示,但实际上该药品对于不同的患者群体可能导致大量的不良事件。在这种情况下,美国食品药品监督管理局的上市后报告要求其披露这些安全发现。美国证监会则认为,如果公司之前没有对该药品适用于新的适应证进行讨论,就不要求公司对其予以披露。在这种情况下,美国食品药品监督管理局的披露要求比证监会的披露要求更为严格。另一种情况则相反。制药公司通常会进行药品的药物经济学研究,目的是评估一项治疗的成本效益。积极的药物经济学信息对于该药进入药品目录非常重要,而消极的药物经济学信息对于药品的销售收入能够产生实质性影响。对于这种信息,美国食品药品监督管理局不太关注,而美国证监会则要求比较严格。

监管的不确定性或分歧导致各公司信息披露的水平不同。有些公司在任何机构要求披露时即予以披露;而有些公司则会利用该分歧规避披露,即使这些信息对投资者而言是重要的。因此,披露指引要以证券法律的披露目标为基础,将不同部门的披露要求有机融合，形成一个内部协调统一的规范体系。

（三）行业信息披露的责任承担

上市公司未遵守行业信息披露要求或者其披露的行业经营性信息披露有误时，监管部门包括自律组织如何追究上市公司的责任？披露指引并未对此明确予以规定。从法理上来说，行业信息属于公司整体披露信息的一部分，当然适用相关证券法律规范规定的法律责任。但是由于披露指引的性质及某些披露项目的原因，又不能完全适用一般的法律责任追究条款，理由如下。

一是披露指引中的某些披露项目似乎于法无据。如上文所述，为进一步满足投资者的决策信息需求，沪深交易所相关指引都要求公司就有关重大事项持续予以披露。但综合考察证券法律的信息披露精神，重大事项的披露重点在于首次发生之时，其后持续变化类的信息通过相关定期报告披露即可，否则临时披露和定期披露的界线将消失，这实际上给公司施加了额外的披露义务。在此情况下，若公司未按指引要求持续披露重大事项便采取自律监管措施似乎有欠妥当。

二是披露指引中的某些披露项目弹性空间较大。行业经营性信息涉及内容广泛，特别是包含了许多非财务性、前瞻性信息。对于此类信息披露标准如何界定、披露程度如何掌握等，公司都享有较大的自主权。在此情况下，如何判断公司信息披露失当甚至错误，就存在诸多困难。如果监管介入时不保持一定的容错率和容错空间，过于刚性地适用法律责任，可能不利于进一步提高行业信息披露水平。

三是披露指引的法律效力较低。证券交易所的披露指引虽然属于其业务规则，但在认定行政责任时作为判断违法违规行为的依据，难免产生一些法律适用上的争议。由于以上原因，对于行业信息披露似乎更应秉持一种宽容的态度，重在引导和鼓励，防止使公司过分担心由于披露错误而承担严格责任，这样形成的寒蝉效应并不利于行业信息披露的发展。

当然，针对不同信息类型还是应有所区别。对于一般性行业信息、业务经营性信息，只要没有证据证明其利用这种披露进行内幕交易、操纵市场或精准减持等违法违规行为，即使后来的事实与披露不相符，但只要作出该披露当时有一定依据也不宜追究行政责任或采取严格的自律措施。但对于财务经营性信息，由于是量化信息，直接影响财务业绩的真实性，披露错误、不准确或不完整达到重大性标准之时，即应予以严格处理、处罚。

三、法律规制建议

（一）行业指引单独增设一条，集中描述相应行业特征及其价值驱动因素

可持续会计准则委员会（SASB）已经制定了79个行业与可持续发展相关的信息披露标准，根据每个行业独特的估值方法，相应列示独特的价值驱动因素。虽然它侧重于企业可持续发展的指标，不完全适用于行业经营性信息，但其规制思路和路径值得借鉴。经过多年积累，我国金融界和监管部门已经对有关行业的本质有了深刻认识，披露指引完全可以单设一条，集中描述行业特征，并针对不同行业盈利能力的不同关键因素，确定披露数个主题及与每一个主题相关的表现指标，以便于投资者迅速理解公司发展的关键所在。例如，针对医药行业可以作出如下表述：医药行业是弱周期行业，法律法规政策制定或修订对公司发展影响

巨大，研发创新能够驱动该行业长期稳定发展，产品和渠道是该行业公司的核心竞争因素。

（二）发挥最佳披露实践公司的示范引领功能

有学者认为，一个特定行业的龙头公司能够对该行业其他公司的信息披露水平起到示范作用，通过披露最佳实践、治理安排和系统风险的信息，也能够为投资者评估其他公司的管理效率和潜在利益冲突提供评判标准。证券交易所可以在每一个行业内选择两三家公司作为试点，通过具体指导其提高行业信息披露水平，并评选信息披露优秀企业等方式，予以宣传推广，以供行业内其他公司学习和借鉴。

（三）建立综合性行业规范体系

行业披露指引作为行业相关的信息披露工具，应当提供相关行业更具完整性的图景和具体披露路径，建立综合性行业规范体系。首先，必须适时更新，以反映财务会计处理以及财务报表编制要求在相应行业的具体体现，尤其应对同一事项的会计处理提供原则性指导，防止出现相同事项会计处理不一致的情况。例如，在石油和天然气开采行业，大部分公司将除钻井勘探费用外的其他勘探和评估费用计入当期损益，少部分公司将所有费用资本化，个别公司将勘探费用予以资本化。不同的会计处理使公司之间相同项目的披露信息失去了比较的意义，应当通过行业披露指引对其予以统一规范。其次，应将行业披露项目与经营情况讨论与分析予以整合。对行业经营性信息不宜单独列示进行披露，而应将其和经营情况讨论与分析或其他强制披露文件统一起来，因为对于证监会要求披露的文件，公司通常准备得更加谨慎，内部控制流程更加严格，对于投资者而言该信息也更为可靠。最后，应将不同规范中有关同一行业的相同事项统一整合到行业披露指引之中。以美国的做法为例，关于油气事项的披露要求在不同地方都有规定，包括 S-K 条例 1200 项目、S-X 条例 Rule 4-10 项目、美国证监会职员合规、披露解释和员工会计公报专题 12（SAB Topic 12）等。将上述规定集中于油气披露指引中，更有利于公司作出披露，也有利于投资者作出判断。

（四）提高行业信息披露指引的法律效力位阶

由于沪深两个证券交易所制定的披露指引法律层级不高，并且没有规定相应的罚则，仅是"在职责范围内对上市公司再融资、并购等重大事项出具持续监管意见时，将参考公司遵守行业披露指引的情况"。当上市公司披露质量不好，特别是财务经营性信息披露存在错误时，以此为依据对公司进行处理、处罚存在法律适用上的争议。建议将披露指引上升到证监会规范性文件层级，这在增强披露指引权威性的同时，也解决了适用依据上的困境。

第四章　上市公司信息披露监管权配置与民事责任制度构建

　　信息披露制度若要发挥预期效果，很重要的一个方面就是建立定位清晰、衔接顺畅的综合监管体制，相关监管机构共同督促、引导上市公司提供更多投资决策型信息。同时，投资者友好型的信息披露制度还意味着，当发生公司虚假陈述事件时，投资者能够更加方便地寻求法律救济，及时填补因交易受到的投资损失。本章集中探讨监管权合理配置和构建完善新型民事责任制度两个问题，目的是为信息披露制度的顺利实施提供法律保障。

第一节　信息披露监管权合理配置

　　上市公司信息披露监管主要由行政和自律监管共同构成，两者如何定位和有效衔接直接决定了信息披露的监管效果。本节在前文具体论述如何从投资者视角规制信息披露的基础上，主要探讨证监会和证券交易所之间信息披露监管权的合理配置问题，以便为前述信息披露制度的有效执行提供监管保障。

一、信息披露监管权配置现状

（一）配置现状

自 1993 年作为证券委执行机构的证监会成立开始，信息披露制度的主要供给者就成为证监会。最为明显的是，证监会 1993 年刚成立时，就制定了《股票发行与交易管理暂行条例》，对发行上市和持续披露作出了相应规定。经过 20 余年的发展，我国基本上建立了形式上较为完备的信息披露规则体系，证监会和证券交易所之间的信息披露监管权配置也已基本定型。

从信息披露规则制定权角度来分析，证监会主要通过部门规章、内容与格式准则、编报规则、规范问答等载体，集中对三类事项进行规定：一是首发上市、再融资信息披露文件的内容与格式。二是年度报告、中期报告、季度报告的内容与格式及需要临时公告的事项。三是信息披露行政违法认定规则。证券交易所主要是制定上市规则、各类临时报告格式指引；并购重组预案信息披露文件预先审核规范；与停牌、复牌相关的披露规范；涉及股份交易（如股东及其一致行动人股票增减持）的信息披露规范；公司治理要求；证监会的相关信息披露规定的细化规范。

从信息披露的监管方式角度来分析，证监会规定首发上市、再融资及并购重组的披露文件由其设立的相应审核委员会以信息披露为中心进行审核；通过现场检查和非现场检查等方式，监督管理上市公司的持续披露情况；督促证券交易所通过非现场监管提高上市公司的信息披露质量。证券交易所对相关信息披露文件进行形式审核，对定期报告实行事前登记、事后审核，对临时报告依据不同情况实行事前审核或事前登记、事后审核，督促上市公司依法及时、准确地披露信息；审核申请证券上市交易的公司的上市公告书；上市公司未在规定期限内披露年度报告和中期报告的，按照上市规则予以处理。

从违法违规处罚处理权角度来分析，证监会对存在虚假陈述行为的信息披露义务人、对负有相应责任的中介机构予以立案稽查和行政处罚；对于一般的信息披露违规行为，可以采取责令改正、监管谈话、出具警示函、记入诚信档案、认定为不适当人选等监管措施。证券交易所对上市公司可以采取四大类十种自律措施，包括问询类，如要求相关义务人作出解释和说明、约见谈话；谴责类，如通报批评和公开谴责；限制类，如公开认定不适合担任高管人员、暂不受理相关文件；等等。同时，证监会和证券交易所共同享有部分权限：上市公司信息披露事务管理制度须同时向注册地证监局和证券交易所备案；保荐人、证券服务机构发现上市公司及其他信息披露义务人的信息披露违法行为时，及时向公司注册地证监局和证券交易所报告等。

从两者的监管权配置来看，证监会主导了信息披露规则体系的构建工作，但自 2010 年以来证券交易所日常信息披露监管职能逐渐增强，无论是在信息披露事项范围上，还是在披露深度及披露数量上都呈现扩张的趋势。证监会与证券交易所经过长期磨合，信息披露监管权边界日渐清晰，以共同维护证券市场的信息披露秩序，具体表现在：首先，证监会基于信息披露的规则监管导向，着重于搭建披露框架和制定各个层面的主要制度，以确保整个信息披露制度的统一性和完备性。证券交易所定位于执行行政披露规则，在信息披露一线监管中对相关事项的披露要求予以补充、细化及完善。例如，证券交易所对如何实施累积投票制、如何规范募集资金使用和关联交易等都进一步提出明确要求。其次，证券交易所作为市场交易的组织者，对于可能影响股价的交易类信息具有先天的发言权。或许正是因为认识到这一点，证监会并未急于对此进行规制而是由证券交易所承担了监管的主要职责。例如，证券交易所对于涉及停复牌信息、股份增减持信息的披露提出细化要求等。再次，根据证券市场发展的新形势和新情况，两者监管权配置又呈现了一定的灵活性。特别是在近年来证券市场较为活跃的背景下，为及时规范出现的新问题，证监会似乎后退一步，让证券交易所进行及时指导。例如，对于近年来证券简称变更、上市公司与私募基金合作投资、相关股东高位减持等事项，证券交易所制定了相关指引及时予以规范，避免了行政规则相对滞后的缺陷。最后，在强调应当向投资者提供有效信息的趋势下，对于投资者强烈要求的行业性经营信息等软信息问题，在理论研究和实践经验并不十分成熟的情况下，证监会不宜制定规则。实践中，证券交易所主动作为，及时补位，近年来持续制定、修订了有关成熟行业的信息披露指引，有效弥补了行政监管的不足。

（二）缺陷分析

从法律层面而言，证券交易所由中国证监会监督管理，二者的关系是监管和被监管的关系。从实际操作而言，中国证监会是证券交易所的行政主管部门，二者又是管理与被管理的关系。在这种应然和实然相互交错的双重关系中，信息披露的行政监管和自律监管存在如下缺陷。

一是功能定位存在偏差。（1）在规则制定方面，证监会主导了信息披露规则的制定，通过规则、指引、规范问答等形式，对从首发上市到持续披露，从定期披露到临时披露，从日常披露到重大资产重组等专项披露的各个环节进行全方位的监管，一方面挤压了证券交易所的自律监管空间，妨碍了其作为初级行动主体的功能发挥；另一方面导致信息披露制度刚性有余，弹性不足。（2）在具体监管方面，无论是证监会还是证券交易所都在硬信息监管上倾注了较大精力，但对软信息披露其实并未特别重视，尤其是证券交易所没有充分发挥作为自律监管机构所应具有的督促、引导优势。

二是监管权能未清晰界定。信息披露的真实、准确、完整、及时和公平是上市公司应当遵行的披露标准，也是信息披露的监管标准。在分层次监管体制下，行政监管应当侧重于实质审核，保证信息真实性；自律监管应当侧重于形式审核，保证信息及时性、准确性，只有这样才能发挥各自优势。但目前，双方似乎都追求全面的信息披露质量监管，无论是事实本身，还是决议程序的履行，都予以关注，这造成了日常监管的高度重叠。例如，《上市公司信息披露管理办法》第9条对证监会和证券交易所的信息披露监管权并未清晰界定，其仅规定两者都有权对信息披露义务人的披露信息进行监督。而且，单纯从文字表述来看，证监会似乎独自享有对信息披露事务管理活动的监督权；但在实践中，证券交易所又制定了上市公司信息披露事务管理制度指引，也在公司治理层面上规定了信息披露的常设机构、适用人员范围等。

三是协调配合机制未有效建立。近年来，虽然通过召开监管协调会、制定监管协作规程等方式，促进了双方的沟通交流和监管协作，但出于监管理念、监管方法、监管资源分布等方面的原因，双方并未建立起切实有效的信息交换制度和联合监管制度，实际上并未形成有效的监管合力[1]。

二、信息披露监管权合理配置

（一）监管权配置理论透视

信息披露的总体目标是明确和一致的，但达到该目标的手段和措施是分层次的。最重要的一个划分就是合理配置行政监管与自律监管的比重、范围、措施和相互关系，发挥各自优势，形成监管合力。就行政监管而言，其基本职责是维护证券市场"三公"秩序。这样的定位导致其倾向于用取消问题的方式来解决问题，如果其制定的信息披露规则过于细致，就必然通过不鼓励、禁止新型投资和金融活动来避免争议的发生。因此，行政监管主要是确定信息披露的义务主体和信息披露的主要项目。就自律监管而言，证券交易所作为市场交易的组织者，必须保留充分的调控功能和经营功能；作为市场信息的集散地，对交易环境和市场情况更了解；作为整个市场的一线监管者，对市场问题的理解更准确、回应更及时，制定的措施比行政监管者具有更广泛的市场基础。因此，信息披露采取什么样的具体方式、项目披露哪些具体内容宜由其决定。

针对信息披露违法行为的监管，证监会主要对包括证券公司、上市公司等在内的市场主体重大违法行为进行查处；证券交易所负责防止证券价格的异常波动、对市场参与者的一般违规行为进行处理。这种分层次监管框架的好处是，监管部门和司法机关都有足够的独立性和解释空间来判断市场主体是否遵守了相关信息

---

[1] 吴越、马洪雨：《证监会与证券交易所监管权配置实证分析》，《社会科学》2008年第5期。

披露规定。在特定情形下，信息披露义务人即使遵守了证券交易所或其他自律组织的信息披露规定，也可能因为被认定违反证券法规而被追责。在这样的制度安排下，信息披露义务人为了避免可能承担的法律责任以及在与其他公司信息披露竞争中胜出，一般都会主动地进行信息披露，这也为自愿性信息披露的推行提供了良好的实施环境。

在进一步简政放权、充分发挥市场决定性作用的背景下，目前，我国的证券监管也正由注重事前监管向注重事中、事后监管转变。与之相适应，信息披露制度设计理念亦由监管者导向逐渐转到投资者导向上来。因此，行政监管更要立足于从宏观层面构建披露框架，准确界定披露主体和披露项目，集中力量打击上市公司的虚假陈述行为，维护投资者信心和良好的市场秩序。而自律监管则要进一步发挥其贴近市场和灵活、及时的特点，以向投资者提供有效信息为中心，在监管模式、监管侧重点等方面予以改进，充分释放自律监管的优势。随着行业创新的巨大发展，重大无先例事项会越来越多，自律监管可以充分发挥迅速调动行业资源并深入调查研究的优势，先行探索对创新性业务的规范并制定有针对性的信息披露要求，为后续行政监管积累经验，待条件成熟时再予以行政介入。

（二）IPO信息披露监管权配置

2014年新"国九条"提出积极稳妥推进股票发行注册制改革[1]。2015年4月发布的《证券法》（一读稿）第二章第二节规定了股票发行注册规范。鉴于我国证券市场实际情况，特别是吸

---

[1]《国务院关于进一步促进资本市场健康发展的若干意见》（国发〔2014〕17号）第2条第4项。

取 2015 年股市异常波动的经验教训，2017 年 4 月提交全国人大常委会审议的《证券法》（二读稿）暂未规定注册制的具体内容。无论最终颁布的《证券法》对股票发行采取何种模式和何种称谓，可以预见的是其必然蕴含市场化和法治化的注册制精神理念[1]。

"注册制改革"不同于"注册制审核方式改革"，前者是指以实施注册制审核方式为逻辑主线而应当健全完善的一系列配套制度改革，主要包括多层次资本市场体系、退市制度、稽查执法等。以美国证监会的措施为例，自 1933 年推出注册制之后，先后建立了定位清晰的纽交所、NASDAQ（美国全国证券交易商协会自动报价表）、OTCBB（美国场外柜台交易系统）；无论预算是否充足，其稽查执法部员工始终在 30% 左右；近年来，纽交所新退市公司数为 100~200 家，基本上与上市公司家数持平，NASDAQ甚至出现了退市家数超过上市家数的情形，正是这些配套制度保证了其注册制的顺利实施。其他成功实施注册制的国家或地区亦体现了相应配套制度较为完善的特征。

就我国而言，如果没有适合不同发展阶段和规模企业的多层次资本市场，必然导致 IPO 的堰塞湖效应；如果不能实施严格的退市制度，上多退少，沪深交易所就极可能成为"柠檬市场"；如不加大信息披露的稽查执法力度，实施注册制所倚重的"看门人机制"就无从谈起。市场对核准制批评较多，集中在未能有效防止欺诈上市、审核效率较低、中介机构作用弱化等方面。因此，有的人寄希望于实施注册制予以解决。在市场基础没有发生根本性转变、相关市场参与主体没有受到刚性约束和引导的情况下，怎么可能仅凭注册制本身就能解决上述问题？实施注册制可谓牵

---

[1] 张子学：《以强有力的事后执法维护注册制改革》，《证券法制参考》2014 年第 17 期。

一发而动全身，其核心不在于注册本身，而在于形成一整套注册体系后的事中和事后监管机制的安排，这是一个悖论但却是最重要的路径选择。在此认识之下，信息披露监管应当明确以下几个问题。

首先，信息披露规则制定权的配置。从境外市场来看，都在监管机构与自律组织之间就规则制定权作出大致的划分。这一划分的目的并不是要剥夺其中一方的规则制定权，而是要解决由谁主导、以谁为主的问题。有关信息披露规则制定权的划分主要有两种模式：一是以美国、德国为代表的监管机构主导模式。例如，针对如何编制注册声明表，美国证监会出台了一系列规则，主要有S-K条例（针对非财务事项）与S-X条例（针对财务事项），对信息披露具体要求作了详细规定。二是以英国、我国香港地区为代表的自律组织主导模式。例如，我国香港地区《证券及期货条例》将包括信息披露规则在内的文件制定权宽泛地授权给了香港联交所等自律组织。同时，香港证监会仍然有规则制定建议权、规则制定批准权。

监管机构、自律组织在信息披露规则制定权上的职责划分、地位作用，与该市场证券监管的发展历史、现有体制紧密相关。对于我国IPO规则制定权而言，应当赋予证券监管部门为妥。具体原因在于：一是有利于实现与执法权安排的配套性。为实现股票发行注册制改革的整体推进，在减少前端行政管制的同时，必须加强事中、事后监管，而这也构成注册制改革取得最终成功的强力保障。我国证监会监管职责应主要是通过行政处罚等执法活动，防范与打击欺诈发行、虚假陈述等违法行为。然而，根据现行有效的《中华人民共和国行政处罚法》，行政处罚应当以"法律、法规或者规章规定"作为法定依据。如果将信息披露规则制定权转交给交易所，会造成欺诈发行、虚假陈述等行政处罚的"地下采空区"，动摇监管执法的根基。二是有利于实现与交易所监管的配套性。事实上，注册制改革方案在监管机构与自律组织之间，对注册审查工作的具体职责作出了合理的分配。但不管由谁承担注册审查的具体工作，都不能改变注册权作为公权力的属性，最终的注册责任也应当由监管机构来承担。由监管机构制定规则能够最大限度地减少不同交易所之间的差异性，保持相互间的协调性与审查政策的前后连贯性。在此前提下，交易所可以根据最新市场发展变化情况，在上位法未能及时变更时，制定相应的信息披露规则，如解释性、指导性、不具有强制约束力的规则等，证监会对此并不禁止[1]。

其次，信息披露由谁来审。基于证券市场不同于有形市场的虚拟特征和保护公众投资者的基本宗旨，在首发上市阶段，适度的行政权介入仍然是必须的，而且无论是英美国家基于法经济学分析的理论研究，还是我国台湾地区的相关实证经验，都表明监管部门的事前审核是提高信息披露质量、保护投资者权益的重要措施。综观域外审核主体模式，除美国、德国等外，多数成熟市场国家或地区都由证券交易所承担主要审核职责。或许鉴于此，《证券法》（一读稿）确立了由证券交易所行使审核权并向证监会备案的模式，这也反映了当时多数市场人士和学界的观点，值得肯定。

再次，信息披露审什么。我国现有发行审核内容，其实与先进国家相比并无实质不同，而且通过对境内外招股说明书内容的实证研究发现，无论是以机构投资者为主的市场，还是以散户投

---

[1] 顾军锋：《信息披露规则制定权研究》，《证券法制参考》2015 年第 5 期。

资者为主的市场，发行审核的内容并无实质不同。关键是在审的过程中逐渐渗透注册制的理念，实现有限的审核权力，承担有限的审核责任，以带动市场力量的崛起。当然，也有一个比较突出的审核差异，即亏损企业能否上市。赞成者的理由是美国等国家或地区是允许的，并列举微软、谷歌等亏损企业上市的成功范例。举例本身并没有错，需要考察的是其背后提供支撑的制度环境：第一，相对市场化的筛选机制和估值系统。实践中，最终成功上市的也只是极少数"亏损的好企业"。第二，这些国家或地区已经形成了定位清晰、功能明确的多层次市场，亏损企业能够在适合的板块上市交易。第三，比较成熟理性的投资者及投资文化。亏损企业能否上市问题的实质在于由谁来判断公司的投资价值，以及有前景的亏损企业上市前是否有途径获得融资支持。基于我国投资者价值判断能力现状，在证券交易所未予进一步内部分层的情形下，允许亏损企业上市会破坏现行发行审核的判断体系。

最后，如何审核信息披露内容。注册制改革无论如何强调简政放权，强调企业享有融资权利，都不能否认发行审核权是一种法定的行政许可权。注册制改革并不是完全排斥行政权力的介入，而是强调弱化行政审批和行政权力的自我约束[1]。无论市场发展阶段如何，无论实行注册制还是核准制，其共同之处在于最终得以上市的肯定是一些有一定质量水平的公司，可能的区别在于质量筛选的机制或有差异。就目前我国实施的注册制而言，应当不唯名，只唯实，在坚持方便企业融资和投资者保护之间取得平衡

---

[1] 袁康：《审核权与注册权分离的困惑与批评：新股发行注册制改革中证监会与交易所的角色定位》，郭锋主编《证券法律评论（2016年卷）》，中国法制出版社，2016。

的注册制基本理念之下，关注如下几点：一是股票融资是社会融资的一部分，也须要服从国家的金融宏观调控，股票发行节奏的适度管理是必不可少的。二是实施注册制并不意味着所有申报公司都能获得发行许可，审核过程也须进行实质判断，并不是必须排除自由裁量权。较为典型的是美国20世纪30年代曾经否决了一些高风险的矿业公司上市。目前通过中止程序、质疑性问题刨根问底的信息披露等柔性方式，阻止了一些公司上市。那种认为只要披露内容齐备、具有可理解性和一致性就应当予以发行的观点是一种流行的误解。三是建立IPO财务核查的常态化机制。通过现行检查的提前介入，督促中介机构提高执业质量，不失为一种有效的制度安排。四是在上市公司已经聚焦行业信息披露监管，并且统一一级市场和二级市场披露标准和披露内容的渐成趋势之下，应当增加法律、会计、行业专家人员数量，进一步健全完善目前的行业性审核机制。

（三）持续信息披露监管权配置

在持续信息披露监管中，行政监管的重心在于现场检查，即通过对可能引致行政法律责任的各类信息真实性的检查，发现问题并予以行政处罚。这是在证监会监管转型背景下，注重事中、事后监管的必然要求，也是基于行政执法成本和效率考虑后的最优选择。各国实践经验表明，上市公司的持续信息披露更适合由证券交易场所监督负责，并在竞争中不断优化[1]。如果过于注重行政监管可能存在如下缺点：首先，监管机构基于免责倾向，总要求公司尽可能多地披露信息，而不计信息披露成本。其次，证

---

[1] 缪因知：《论证券交易所竞争与监管的关系及其定位》，《时代法学》2008年第6期。

监会的信息披露监管职责实际上由 36 家派出机构分别履行，披露什么、如何披露等尺度不一，存在各公司间披露公平性的问题。最后，信息披露的监管效果短期内很难去评价，亦没有有效的反馈机制，行政监管信息披露的纠错机制难以建立。将证监会的监管关口后移，集中于后端的检查甚至调查，则这些问题将不复存在。自律监管的重心在于合规性审核，着重对信息披露的齐备性、一致性和可理解性把关，通过事前披露审核把关，或事后披露的督促纠正，保证全市场信息披露的标准化和有效性。

明确界定监管权配置后，在坚持问题和风险导向理念之下，如何配置各方具体职责、加强监管协调、形成监管合力则成为解决问题的关键所在。2004 年上市公司监管开始实行辖区监管责任制，初步形成了三点一线的监管机制。在总结经验、吸取教训的基础上，经过所涉各方十余年的磨合，监管职能定位越来越准确，监管边界越来越清晰。为满足投资者的信息需求，持续信息披露监管应做到如下几点。

首先，合理配置监管职责。一是证监会上市部承担宏观监管职责，负责拟定各类上市公司监管业务规则、牵头与证监会其他部门协作等工作，指导督促派出机构和证券交易所日常监管工作，构建集中统一、信息共享、协调有效的上市公司监管体系。二是派出机构职责主要定位于辖区上市公司的现场监管工作，对于自主发现的信息披露存在重大疑问、涉及重大风险或涉嫌违法违规的公司，通过"双随机"制度抽取的上市公司，上市部、证券交易所通报事项涉及的公司，一般要进行现场检查或专项核查。三是证券交易所职责主要定位于上市公司的非现场监管工作，包括对定期报告、临时报告的信息披露是否合规进行审查；对稽查立案涉及的公司，督促其在收到立案通知书、行政处罚事先告知书等时点履行阶段性信息披露义务；对违反上市规则等相关规定的信息披露违规行为，采取自律监管措施或纪律处分。此外，派出机构和证券交易所在各自履职过程中，发现存在审核疑点、应披露而未披露信息等情形的，需要提请对方关注或进行核查。

其次，完善监管协调机制。一是建立分行业监管工作机制。在上市部统一指导下，证券交易所推进分行业监管并制定披露指引。完善相关数据监测、比对和分析系统，通过行业观察、情况分析和风险提示等形式定期上报派出机构，为其以问题为导向的现场检查提供支持。行业牵头派出机构制定分行业现场检查工作指引，并结合证券交易所提供的行业数据，开展有针对性的现场检查。二是建立重大事项处置机制。重大事项发生后，派出机构和证券交易所应当及时相互通报。涉嫌重大违法违规行为、存在重大风险或相关方认为需要建立会商机制的，发起方应组织沟通，及时协调处置。三是建立监管信息共享机制。上市部定期或不定期召开监管协调会和三方视频会议，形成会议纪要或备忘录，研讨相关重大事项的监管标准，统一监管尺度。同时，通过编写监管典型案例、创新案例、行业信息研究报告等资料，拓宽相互之间的共享范围，增进对信息披露的共同理解。四是建立退市及高风险公司监管协调机制。上市部协调证监会稽查局等相关部门共同会商处理退市及高风险重大事项；派出机构负责现场监管，配合地方政府履行维稳责任；证券交易所负责提供股东分布等信息，督促加强风险提示与信息披露等。

最后，细化重大事项具体协调。媒体质疑、投诉举报、内幕交易防控、并购重组和再融资、股权激励计划、破产重整、债券兑付危机等持续披露事项，涉及大量审核、核查问题，总体上派出机构和证券交易所应按照现场和非现场的分工做好相应工作并及时相互通报。以并购重组为例，证券交易所的主要职责是监管停、复牌事项，重组预案事后审核，督促涉嫌规避重组上市公司召开媒体说明会，督促公司持续披露预测利润完成情况等；派出机构的主要职责是对重组上市公司进行现场检查，将相关中介机构履职情况纳入核查范围等。

三、证券交易所是否需要审核披露信息的真实性

2016 年 11 月 11 日修订的《上海证券交易所章程》增加了证券交易所对证券发行人进行现场检查的权力。在监管实践中，证券交易所一般负责对上市公司信息披露的形式审核，而上述修订赋予证券交易所对上市公司的现场检查权和相关权力，意味着今后证券交易所可以对上市公司的信息披露予以实质审核。此种赋权是否有法理依据、在监管实践中是否可行，值得深入探讨。

（一）现行证券交易所对信息披露合规性的形式审核模式

证券交易所对上市公司的信息披露一直以来定位于合规性的形式审核，即主要是对信息披露是否符合格式要求，是否符合信息披露的齐备性、一致性和可理解性予以监管。考察成熟市场国家或地区的证券交易所监管职责发现，无论是采取行政主导监管模式的美国、德国，还是以自律为主导的英国、我国香港地区，无论信息披露采取原则导向抑或规则导向，在信息披露主要规则的制定和执行方面，行政监管机构大多取得了信息披露监管的主导权，证券交易所的主要职责是督促上市公司及时履行信息披露义务[1]。

---

[1] 卢文道：《证券交易所及其自律管理行为性质的法理分析》，载张育军、徐明主编《证券法苑（第五卷）》，法律出版社，2011。

就我国而言，无论是各个层级的信息披露规定，还是证券交易所信息披露监管实践，亦是如此。根据《证券法》第 115 条第 2 款的规定，证券交易所应当督促上市公司及其他信息披露义务人依法及时、准确地披露信息。在信息披露真实、准确、完整、及时、公平等要求的基础上，证券交易所立足于书面审核，主要是从披露时限、披露表述等方面把关，侧重于信息披露的及时性、准确性和完整性，至于信息披露的真实性等属性并不是其关注的重点。《上海证券交易所股票上市规则》（2018 年修订）第 2.13 条则进一步明确规定，其对有关信息披露文件进行形式审核，不承担内容真实性方面的责任。而且，在监管实践中，其工作模式为对定期报告实行事前登记、事后审核；对临时报告依据不同情况实行事前审核或事前登记、事后审核；对信息披露监管中发现的真实性疑点和公司运作方面的问题，及时揭示并提请相关证监局关注[1]。同时，无论是合规性问题，还是真实性问题，证券交易所采取的都是要求相关主体对有关问题作出说明，约见有关人员，要求公司聘请相关证券服务机构对所存在的问题进行核查并发表意见等非现场监管的措施。

证券交易所对信息披露形式审核的定位中外皆然，从信息披露监管实际运行的角度分析，原因可能有如下几点：首先，证券交易所作为集中交易的组织者和证券市场的信息中心，基于其证券交易平台的属性，最主要的职责是向投资者提供格式统一的标准化信息，便于投资者比较分析，同时尽量防止信息披露的外部效应。合规性审核契合这一属性，更加侧重于向市场整体提供信

---

[1] 周勤业：《加强交易所监管职能提升上市公司透明度》，《中国金融》2005 年第 17 期。

息，以保证信息的充分性；而在真实性审核视角下，审核主体更关注核实公司个体情况，蕴含的机理在于维护投资者对整体市场健康运行的信心，这是行政监管的执法定位。其次，从目前分层次监管框架来分析，证监会及其派出机构享有现场检查权，主要是通过检查上市公司经营、财务、公司治理等方面的事项，督促公司披露真实信息。这与交易所形式审核形成互补，有利于双方发挥各自优势，形成监管合力。最后，证券交易所即使享有真实性的实质审核权力，从信息披露违法违规处理处罚角度来分析，也面临诸多困境。就监管实践情况而言，一旦发现公司披露信息真实性存在重大问题，证券交易所自律监管措施实施效果不理想，证券交易所便会将其提交给证监会检查或调查，而证监会会采取行政监管措施，甚至予以行政处罚。在双方衔接配合机制尚未完全理顺的情况下，这不可避免地增加了监管成本。

（二）对信息披露实行真实性实质审核的探讨

赋予证券交易所对上市公司的现场检查权是否合适，可以从两个方面来分析：一方面，证券交易所和上市公司之间具有何种法律关系；另一方面，证券交易所对其会员进行现场检查是通行做法。但目前，似乎并没有对上市公司进行现场检查的国家或地区，那么对会员和上市公司区别对待的原因是什么？

上市公司至少要在一个证券交易所挂牌交易，其通过上市协议的连接，受到上市规则等的约束。就上市协议的法律性质而言，通常，上市协议被认为是具有平等地位的当事人之间签订的一种民事合同。这种观点也同时得到立法机关的认可。因此，两者因上市和挂牌交易而形成的商业性市场服务，使得上市协议带有一般商务合同的性质，两者的关系大体上可归入民事法律关系。上市公司依据引致适用的上市规则进行信息披露，履行的是一种约定义务，不当履行此种义务如披露信息具有虚假陈述情形时，证券交易所可以单方强制予以惩戒。在此语境下，证券交易所承担了类似反欺诈职能，实施了一种事后的监督管理，而不是提前介入上市公司的披露实践，通过主动收集证据来检查其披露是否合规。从这个意义上讲，证券交易所似乎没有对上市公司进行现场检查的正当性基础。

与此同时，证券交易所对其会员进行现场检查，则是其固有的、历史最为悠久的管理措施。目前，无论是会员制还是公司制的证券交易所，对交易所参与者（主要是证券公司等）进行包括现场检查在内的监管早已是惯例。例如，美国最大的自律监管组织——金融行业监管局就负责 NASD（全美证券交易商协会）与NYSE（纽约证券交易所）所有会员证券公司之检查、执法、仲裁及调处业务等。通过对会员的现场检查能够提高会员公司对业务经营的审慎程度，督促其健全财务及股票经纪系统，有效落实内部控制与内部稽核，督促公司稳健运行。在此基础上，会员之间遵守共同的游戏规则，才能共同维护市场秩序，改善证券交易条件[1]，为证券交易所的顺利运作打下基础。换言之，会员作为交易系统接入者、市场中介机构，本身即承担了一定意义上的监察职能。虽然双方也是一般意义上的民事合同关系，但会员有机融入证券交易所整体系统运作之中，对其进行现场检查正如公司审计部门对其他业务部门的监督检查。而上市公司与证券交易所之间是较为纯粹的平等主体，双方之间的民事合同关系并不能提供

---

[1]卢文道：《证券交易所及其自律管理行为性质的法理分析》，载张育军、徐明主编《证券法苑（第五卷）》，法律出版社，2011。

证券交易所对上市公司现场检查的法理基础。

目前，我国证券交易所和上市公司之间的上市协议并不是通常意义上的民事合同。其特殊性表现在：一是证券交易所对上市协议的内容不具有实质性的审核权力，该审核权仍然是形式上的，因此很难说上市协议是双方平等协商的结果，带有浓厚的行政色彩。二是上市协议还包含了证券交易所对上市公司的监管，证券交易所因此取得了制裁上市公司违规行为的契约性权力。这一点与证券监管部门对证券市场的管理目标具有一致性。三是证券交易所在监管权限方面具有强制性。证券交易所享有法律法规赋予的技术性停牌、限制交易等强制性权力，其不以监管对象的合意为前提，可以单方面决定从而直接对市场主体产生拘束力。就此而言，证券交易所类似于行政监管部门，带有明显的证券市场公共管理职能，也正是基于此，《证券法》（一读稿）第 186 条规定，证券交易所履行自律管理职能应当遵守社会公共利益优先原则，维护市场的公平、有序、透明。

如果在这个意义上分析，赋予证券交易所现场检查权也不无道理。从可以借鉴的国际经验来看，根据笔者有限的资料检索结果，虽然没有在证券领域找到授予证券交易所现场检查权的法律法规，但韩国在保险领域的授权实践却可以借鉴。韩国《存款人保护执行法案》规定，存款保险公司在投保机构存在经营失败风险时，可以单独检查或与韩国金融监督院开展联合检查。这意味着纯粹商业性的公司——存款保险公司也可以享有必要的补充监管权，特别是对投保机构的现场检查权，以助于全面、及时和准确地掌握投保机构的经营状况和风险水平[1]。因此，相比于纯粹商

---

[1] 孙彬：《韩国存款保险公司现场检查权的改革与启示》，《南方金融》2013 年第 7 期。

业化的市场主体，授予承担着部分公共管理职能的证券交易所以现场检查权似乎也有正当性基础。

《证券法》（一读稿）第 186 条规定的证券交易所自律管理职能之一即对上市公司、会员及其他市场参与人进行自律管理，并且该条第 7 项以概括方式规定证券交易所还可行使法律法规、证监会规定的其他职能。若赋予证券交易所对上市公司的现场检查权，可以理解为以法律形式明确界定了自律管理的权能包括现场检查权。不同于 2013 年证监会将稽查执法权授予证券交易所[1]，直接赋予证券交易所现场检查权属于立法行为，以便于其更好地履行对上市公司的监管职责。当然，如果从现实角度来分析，鉴于上市公司数量快速增长和监管人员力量不足的矛盾日益突出，在监管部门内部无法解决上述问题的情况下，赋予证券交易所检查权可以大幅增加类似行政监管的人员和力量，这对于强化监管也不失为一件好事。但由此带来的问题是，如何制定相关的配套制度以协调好两者的关系。

（三）相关配套制度的健全完善

证券交易所的现场检查权可以与监管机构的监管权相区分和调和，不会对后者造成削弱干预的不良影响，但同时要健全完善相关的配套机制和制度。首先，在检查方式上，证券交易所可以与监管机构联合检查；对于监管机构没有检查的领域，可以进行单独检查，或建议监管机构开展检查并分享其检查结果。其次，在信息共享上，双方签署合作备忘录，将各自现场检查获得的信息上传至中央监管信息平台，在日常工作中通过该系统将各自获

---

[1] 何艳春、张朝辉：《委托实施证券期货案件调查的法律分析》，载黄红元、徐明主编《证券法苑（第十三卷）》中国法律出版社，2014。

取所需的数据与报告，形成沟通交流的畅通渠道。最后，在处理、处罚措施上，证券交易所根据检查结果可以直接对公司采取自律监管措施，对同时违反证券法律法规的行为可以建议由监管机构作出行政处罚。

第二节　信息披露民事责任制度：责任条款重构

一、《证券法》第 69 条之法条分析

我国《证券法》对于虚假陈述的民事赔偿责任，并未在第 11 章"法律责任"中规定，而是采用了分散排列模式在第 3 章第 3 节的第 69 条[1]中予以界定。需要说明的是，该条虽然在排列上置于"持续信息公开"一节中，但从条文内容看也包括对首发上市阶段虚假陈述的规制。

（一）构成要件分析

第一，损害赔偿请求权人。该条并未明确规定享有请求权的主体。按照民事侵权行为认定的一般理论，只有投资损失是因虚假陈述引致的投资者才是适格主体。换言之，上市公司虚假陈述与投资者的损害结果之间存在因果关系时，投资者才享有损害赔偿请求权。属于适格主体的有以下两种：一是在虚假陈述发生至揭露期间买进证券，而在揭露之后卖出证券，产生损失的。二是

---

［1］孙彬、万荃、秦馨：《韩国存款保险公司现场检查权的改革与启示》，《南方金融》2013 年第 7 期。

在虚假陈述发生至揭露期间买进证券，并且因持续持有该证券而产生亏损的。

第二，虚假陈述之行为客体。该条以列举方式规定了虚假陈述的行为客体，包括"招股说明书、公司债券募集办法、财务会计报告、上市报告文件、年度报告、中期报告、临时报告以及其他信息披露资料"。就解释而言，需要进一步界定的是"其他信息披露资料"。从该条文本的表述来看，虚假陈述载体并不局限于《证券法》的规定。由此带来的问题是，还有哪些位阶的证券法律规定的信息披露文件能够作为虚假陈述载体？在信息披露违法行为行政责任认定中，有关信息披露的法律法规、部门规章和规范性文件，以及证券交易所业务规则等规定的披露文件可以作为虚假陈述的载体。信息披露的民事责任和行政责任的法律责任属性不同，但在认定虚假陈述的构成要件上应无不同。因此，本条所说的"其他信息披露资料"除《证券法》规定外，还包括行政法规、规章和规范性文件，以及证券交易所业务规则规定的信息披露文件。

进而，信息披露资料的载体形式除了上述明确列举的招股说明书、年度报告等 7 种之外，还应包括内部控制报告书、上市公司承诺书等影响投资者决策的披露文件。我国台湾地区的相关解释可提供佐证。其所谓"证券交易法"第 20 条之一第 1 项规定虚假陈述的载体包括财务报告及财务业务文件等，但并未定义财务业务文件。在解释上，无须拘泥于"文件"二字，财务业务文件除应涵盖所有上述财务报告外，所有关于发行公司财务或业务的信息，举凡涉及公司生产、行销、人事、管理及财务等事项而足以影响投资者投资判断均应属之。至于其是否为符合一定格式的文书，应非所问。

第三，虚假陈述之行为内容。该条规定的"虚假记载、误导性陈述或者重大遗漏"等三种情形，可以统称为虚假陈述。依据反对解释，信息披露应当是真实、准确、完整的。如上文所述，"真实"不仅是指客观事实，还包括看法意见也须如实反映客观情况；"准确"是指用简洁易懂的语言不偏不倚地表述，特别是涉及前瞻性信息披露时应当合理、谨慎、客观；"完整"是指内容全面、文件齐备、格式符合规定要求，涵盖信息披露行为的各个环节、各个层面。上述三种虚假陈述应是指信息披露文件的"主要内容"虚假，以至于影响投资者的投资判断。我国在界定虚假陈述内容范围时，并没有这样的范围限制，这也导致了如年度报告中股东数量披露错误也成为投资者要求公司予以赔偿的事由。

第四，责任主体及责任类型。《证券法》对民事责任主体及责任范围，规定得可谓细腻、复杂。在责任主体应负责任形态部分，可分为严格责任，由发行人、上市公司承担；推定过错责任，由发行人，上市公司的董事、监事、高级管理人员和其他直接责任人员以及保荐人，承销的证券公司承担；过错责任，由发行人，上市公司的控股股东、实际控制人承担。在责任范围部分，规定连带赔偿责任，排除了比例责任的适用空间。该条中规制的中介机构仅为保荐人、承销的证券公司，同时根据《证券法》第173条的规定，还应当包括所有为证券的发行、上市、交易等证券业务活动出具报告或意见的证券服务机构。

另需说明的是，该条规定的"董事、监事和高级管理人员"应采取实质认定方法。即依据其是否由公司董事会或监事会选任，公司章程是否规定或契约是否约定同时赋予其为公司管理事务之内部权限，虚假陈述之主要内容所涉及事项是否属于其职务范围而予以认定。这也意味着，虽然没有董事、监事和高级管理人员职位，但实质履行该职责的主体亦可能成为本条规制的主体。

（二）简要评析

虚假陈述的民事责任具有法定性。诸如，《证券法》直接规定了虚假陈述的民事责任主体范围、适用于不同主体的不同归责原则、连带责任的适用范围等，体现了其与一般民事责任的不同之处。《证券法》第 69 条借鉴先进市场国家立法经验，对于认识较为统一且条件成熟的方面予以规定，基本上满足了执法和司法实践的需要。与此同时，存在的一个较大问题是证券发行时的虚假陈述与证券交易时的虚假陈述在民事责任上没有区分。一级市场中发行阶段虚假陈述损失的确定与二级市场有所不同。投资者损失的认定可根据《证券法》第 26 条视不同情况分别进行。如果虚假陈述并未影响证券的顺利发行，投资者的损失应当按照上述二级市场的损失计算方法予以认定；如果虚假陈述导致证券被停止发行，则以投资者所缴股款及加算的银行同期活期存款利息认定其所有损失。发行失败情形下的处理方式类似于普通法上的"撤销交易法"，不同的是前者是基于法律及司法解释的规定，后者是基于合同法的救济方式。证券交易时，上市公司虚假陈述是侵害投资者权益的侵权行为。在虚假陈述行为发生至揭露期间，只有进行交易且蒙受损失的投资者，才可以向发行人等信息披露义务人请求赔偿。

二、《证券法》第 69 条之重构

责任追究是对虚假陈述等侵权行为进行防范和惩处的必然要求。现行《证券法》仅作出了"应当承担民事责任"的笼统性规定，就如何承担责任则语焉不详。考虑到虚假陈述民事赔偿案件已有一定的司法实践，就证券市场侵权责任的承担，包括原告范围、责任主体、赔偿范围等事项作出有操作性的规定条件已经成熟，从更有利于投资者保护的角度，探讨以下几个问题，为重新构建民事责任条款提供理论准备。

（一）证券持有人是否可以作为请求权主体

所谓持有人，指在发行公司依法披露该虚假陈述之前，即已经持有该有价证券，在发行公司依法公开该虚假陈述后至其行使损害赔偿请求权前，仍然持续持有该有价证券之人。若仅就上文所述，只有从事证券交易而遭受损失的投资者才是适格的，则证券持有人因未进行交易而不享有损害赔偿请求权。

如果规定持有人为权利主体，将会造成以下不合理情况：一是若将所有持有人纳入赔偿额分配，对在诉讼中较容易获得胜诉判决的善意买进人较不公平；二是恐将造成全面诉讼拖延；三是形成全体或大部分股东自己告自己的困境；四是持有人在证明具有交易因果关系上极具困难。持有人取得发行公司的股票，在发行公司虚假陈述之前即成为持有人，与该虚假陈述无关。而在该虚假陈述公开后，该持有人并未因此有任何的积极行为，很难当然推定其原预定出卖该股票，却因信赖市场而取消该预定交易。

然而，我国台湾地区所谓"证券交易法"第20条之一规定，持有人享有此项权利。英国的金融服务暨市场法中有关不实注册的责任，其受害人亦包括因信赖不实信息而不为行为之人。可能的理由在于：投资者虽在虚假陈述披露前买进，但买入后因相信披露文件为真实，故未卖出，实质上亦受损害。但如此解释会面临因果关系举证上的巨大困难。无论如何，从理论上来说，赋予持有人该项权利似乎更符合保护投资者的目的，是制定者出于扩张保护投资者利益而进行的赋权。各个国家或地区是否对持有人赋权的差异实乃政策选择，而无绝对的对与错之分。

（二）责任主体是否应当及于次要行为人

证券欺诈通常系多人配合完成，除了实际签名之人以外，还有未签名但实际参与协助之人。从预防的角度来看，这种次要行为人民事责任的重要性在证券欺诈民事责任法制上不容忽视。次要行为人参与虚假陈述证券欺诈的模式大致可以区分为3种：一是被告自己的虚假陈述的责任。被告在此种情况下负有责任没有问题。二是单纯沉默或不作为者。即被告对于其他人虚假陈述的部分未参与制作，但曾经手文件时，发现他人陈述有不实而未能揭发。一般情况下，次要行为人与投资者既无契约关系存在，亦无法律规定其作为义务，因此，并无一般性的信息披露义务。三是他人不实陈述但被告有参与制作的责任。这也是最易形成争议的一种形式。目前，关于次要行为人应否承担相应的民事赔偿责任，可分为反对和赞成两种观点，且都有相应的论据和立法例。

反对次要行为人承担民事责任的理由在于：第一，一般反欺诈条款并未明文规定向次要行为人追偿，对于该诉权的解释，应采取较保守、较限缩的看法。事实上，美国参众两院分别在2009年及2010年尝试修改1934年《证券交易法》之第20条e项规定，受害投资者得依帮助责任向次要行为人请求赔偿。这些立法尝试最后都未成功。目前，从世界各国的立法例来看，明确规定次要行为人作为赔偿主体的亦是少数。第二，从实际立法来看，以美国为例，在《私人证券诉讼改革法》（PSLRA）第104条中明文扩大美国证监会的权限，使其有权对违反相关规定之行为主体和次要行为人请求法院处以行政罚款，但未允许受害投资者对之请求民事赔偿。如此规定，从政策角度来说，是防止证券诉讼的民事责任与滥诉情形对无辜公司造成很大的困扰，进而伤害美国的资本市场。

赞成次要行为人承担民事责任的理由如下：首先，次要行为人的帮助行为有时对于虚假陈述有相当因果关系。若该参与人的行为确实为该虚假陈述作成所必要，则实际上该行为人已经属于所谓主要行为人，其是否可为外界投资者所公开辨认或签名于某文件上对于其行为的不法并无影响可言。此被称为"计划责任"的论点，被在证券案件中居相当重要地位的美国第九巡回上诉法院所接受[1]。在此意义上，形式认定标准并不可取，将使很多居于幕后的不法行为人免责，不但与证券交易法立法意旨不合，也不符合共同侵权行为的基本法理。例如，在我国台湾地区的博达案一审判决中，法院并未区分主要行为人或次要行为人，统一适用了欺诈市场理论，肯定交易因果关系。其次，次要行为人有时对于虚假陈述有明确认识。在证券欺诈情形下，若次要行为人对于其行为可能造成的虚假陈述结果并无任何认识，由其负证券欺诈之赔偿责任存有疑问。但如果次要行为人就其行为对信息披露的影响已有明确认识，而其行为也是造成虚假陈述的主要原因时，由其承担责任较为合理。最后，文件制定史亦能提供佐证。以我国台湾地区的规定为例，1968 年规定募集、发行或买卖有价证券者，不得有虚伪、诈欺或其他足致他人误信之行为；1988 年规定有价证券之募集、发行或买卖，不得有虚伪、诈欺或其他足致他人误信之行为。有价证券之募集、发行或买卖行为，系相对行为，

---

[1] 邵庆平：《"证券交易法"第 20 条第 1 项之民事责任主体不及于次要行为人：以企业财报不实类型案例为中心》，《台湾大学法学论丛》第 42 卷第 1 期。

当事人双方均有可能因对方或第三人之虚伪、诈欺或其他足致他人误信之行为而遭受损失，从而将次要行为人涵盖其中。

综观两种观点，反对派似乎过多地从立法政策和实施效果等方面进行考量，在坚持证券法认定民事责任的基本路径下，采取较为保守的限缩解释方法得出结论。赞成派立足于对次要行为人现实行为的洞察，亦是在坚持证券法认定民事责任的基本路径下，采取较为扩张的解释方法推出结论。两种观点的主要区别在于立法政策的考量和把握上。鉴于我国目前诚信环境尚不尽如人意，存在较多次要行为人主动或被动地配合信息披露义务人造假的情形，扰乱了资本市场秩序，实有予以规制的必要。唯应进一步探讨的问题是，如何明确适用条件，而不是过于扩张规制范围。

（三）连带责任抑或比例责任

上市公司虚假陈述发生时，责任主体承担比例责任问题之所以提出，源于虚假陈述导致的法律责任是否符合社会正义的质疑。就市场实践而言，例如，证券市场上的多数专业人士所收受的服务费用或报酬，与承担连带赔偿责任的巨大数额之间是失衡的，且问题相当严重。因此，比例责任是对证券交易法制上普遍受承认的深口袋理论的明显修正。从损害赔偿的法理来分析，将连带赔偿责任调整为一种有条件的比例责任制度，尤其在公司虚假陈述情形下，似乎是相关发行公司与证券服务机构之间一种更为合理的赔偿责任区分方式。

承担连带赔偿责任的法理依据在于各行为主体之间有意思联络，构成共同侵权行为。在此理论框架内，比例责任并无适用空间。当共同侵权行为采用"行为关联共同"观点，不以行为人之间有意联络为必要后，过失比例责任才能成立。限制赔偿责任立法例，无疑是一种人为模式的妥协，既可实现损害赔偿的想法，又是一种接近于民事和解的思维方式。赔偿责任限额与赔偿责任比例的规定，对于现行法上严格的连带赔偿责任而言，均是法制上的一种反省。

美国于 1995 年 PSLRA 修订了 1934 年《证券交易法》第 21 条。该条第（f）项第 2 段虽然规定了连带责任和比例责任两大类，但在程序上，无论被告最后所应负担何种责任，法院都应该先计算出各个被告的责任比例。因此，在 1995 年 PSLRA 中，各个被告仅需依其责任比例，负担损害赔偿责任，即以比例责任为原则。我国台湾地区所谓"证券交易法"第 20 条之一第 5 项和第 32 条第 1 项应理解为，负过错推定责任的主体始按责任比例，负赔偿责任。反之，若系其故意致损害发生，其仍应就全部的损害负赔偿责任。

比例责任在实务运作中遇到的重大困难是，认定标准究竟为何。可考虑的因素包括导致或可归属于致原告损失的每一个违法人员行为性质，及违法人员与原告损害结果之间因果关系的性质与程度，即可归责性和因果关系两个方面。可归责性主要是认定被告的过失程度，是重大过失、具体轻过失或抽象轻过失；因果关系主要是认定被告造成虚假陈述发生的原因力及关联度。在具体个案中，应依据相应事实判断可归责于被告的原告损害比例，并斟酌被告对虚假信息是否有可能实际知情及当时有无积极防止虚假信息披露发生等情况，以确定被告实际应赔偿的金额或比例。另，考量因果关系似乎为衡量责任比例的主要因素，故在认定上似乎应占较高权数[1]。总之，应当证明损害与其个别行为之间，确实存在可归责的事实关系。

法律基于当事人之间承担责任的衡平考虑，明确了比例责任适用的原则，但在司法实践中却未见诸多案例。美国多数虚假陈述案都以双方当事人和解的方式结案，决定其责任比例的判断基准并不明确。我国台湾地区虽然有按比例责任判决的案例，但案例中并未阐明是如何确定该比例责任的。因此，目前来看制定具体判断准则十分困难，可能的途径是通过未来个案积累，逐渐达成共识后再另行制定客观性认定准则。

（四）责任条款重构

我国《证券法》第 69 条并未赋予证券持有人损害赔偿请求权；从需要提供的法定信息披露资料虚假的角度界定虚假陈述的载体，排除了追究次要行为人法律责任的空间；根据不同主体分别适用不同归责原则，直接规定了连带赔偿责任。同时，条文对虚假陈述载体详尽列举，表述存在烦琐之处。基于此，借鉴先进国家或地区的立法经验，《证券法》（一读稿）第 150 条对上述第 69 条进行了大幅调整，体现在：一是增加了民事责任赔偿主体，将保荐人、承销的证券经营机构、证券服务机构的直接责任人员纳入规制范围，有利于督促其勤勉尽责地履行核查验证义务。二是对个别主体的归责原则予以调整，将发行人的控股股东、实际控制人的归责原则由过错责任调整为过错推定责任，加重了其举证负担，更有利于追究其法律责任。三是规定证券服务机构及其直接责任人员承担的是比例责任，而不是连带赔偿责任。四是将

---

[1] 刘连煜：《财报不实案中有关证券持有人的举证、过失比例责任及会计师事务所之连带责任》，《法令月刊》2013 年第 64 卷第 12 期。

证券服务机构法律责任一并调整到该条予以规制，使虚假陈述民事责任规制更加体系化。

但是，该条规定尚存在以下待完善之处：首先，尽管虚假陈述载体的表述更加精练，但仍然是从信息披露义务主体披露法定披露文件的角度予以界定，而不是如我国台湾地区所谓"证券交易法"从相关证券行为不存在虚假陈述的角度予以规制，因此仍然没有预留对次要行为人予以规制的法律空间。其次，适用比例责任的主体将保荐人、承销的证券经营机构及其直接责任人员排除在外，很明显是受深口袋理论的影响。虽然这样规定更有利于保护投资者，但使中介机构在法律责任承担类型上有所区别，因此尚需进一步探讨研究。再次，享有损害赔偿请求权的主体是交易中遭受损失的投资者，但对于投资者的外延并未明确界定，致使是否包括证券持有人不无疑问。最后，信息披露资料存在虚假陈述情形，但未明确是其"主要内容"，这也导致信息披露实践中投资者纠缠于琐碎的披露细节而要求公司进行赔偿。

根据上文研究，建议该条增加1款作为第1款，从证券发行等行为角度先进行总体规制——当事人双方均有可能因对方或第三人之虚伪、诈欺或其他足致他人误信之行为而遭受损失，因此也就将次要行为人涵盖其中。同时，将投资者分类表述为"证券之善意取得人、出卖人或持有人"；将保荐人、承销的证券经营机构及其直接责任人员的责任类型调整为比例责任。建议条文表述如下：

有价证券之募集、发行、私募或买卖，不得有虚假、诈欺或其他足致他人误信之行为。

信息披露义务人公告的证券发行文件、定期报告、临时报告及其他信息披露资料存在虚假记载、误导性陈述或者重大遗漏，致使证券之善意取得人、出卖人或持有人在证券交易中遭受损失的，信息披露义务人应当承担赔偿责任；发行人的董事、监事、高级管理人员和其他直接责任人员应当与发行人承担连带赔偿责任，但是能够证明自己没有过错的除外；发行人的控股股东、实际控制人应当与发行人承担连带赔偿责任，但是能够证明自己没有过错的除外；为发行人提供服务的保荐人、承销的证券经营机构、证券服务机构及其直接责任人员应当就其负有责任的部分承担赔偿责任，但是能够证明自己没有过错的除外。

第三节　信息披露民事责任制度新发展：调解制度

通过调解方式解决上市公司因虚假陈述引致的民事赔偿争议已有十余年的历史，但无论从调解案件数量还是案件质量上都难说取得了良好的效果。究其原因，在于传统的民事调解模式没有为虚假陈述这种特定类型的证券纠纷提供特殊的制度供给，从而制约了调解功能的有效发挥。本节立足于第三方专业调解，在吸收借鉴境内外相关立法例和经验做法的基础上，尝试提出符合我国国情的虚假陈述民事赔偿调解特殊规则。

一、上市公司虚假陈述民事赔偿调解制度的现状

在成熟市场国家或地区，通过诉讼途径解决虚假陈述案件中投资者损害赔偿问题的效果也并不理想，如即便是在美国，也有高达 90% 的证券交易虚假陈述民事赔偿诉讼是以和解形式结案。

就我国而言，经济上处于弱势地位的中小投资者占多数，损害未必均为高额，从而呈现"扩散型损害"的特征。由于信息不对称、举证困难、诉讼成本高等因素，中小投资者更是会倾向于放弃诉讼救济，或者寻求其他方式予以救济。在此背景下，调解制度作为多元化解证券纠纷的一种方式逐渐受到关注。

《最高人民法院关于审理证券市场因虚假陈述引发的民事赔偿案件的若干规定》提出"应当着重调解"。自此，全国多起上市公司虚假陈述案件大都以调解结案。据不完全统计，国内除大庆联谊、郑百文等少数案件以判决形式结案外，其他结案或即将结案的案件当事人基本达成了调解协议，社会影响较大的有东方电子、银广夏等案件。在东方电子案中，最终有 6589 名原告与东方电子达成调解，调解率高达 95.2%；在银广夏案中，最终有 333 名原告与公司达成调解，调解率达 40%；在科龙案中，广州中院对 201 名原告诉公司民事赔偿案进行调解，大部分得以调解；在杭萧钢构案中，127 名原告与公司达成调解，按诉求的 82% 的比例以现金形式予以赔偿；在五粮液案中，141 名原告与公司达成调解协议。上述调解是在法院主持下达成的，属于诉讼调解范畴，具有周期长、成本高等特点，而国外的金融纠纷则更多依靠行业协会或者第三方专业调解机构等自主调解[1]。

有鉴于此，于 2013 年 12 月 27 日发布的《国务院办公厅关于进一步加强资本市场中小投资者合法权益保护工作的意见》，明确提出要建立多元化的纠纷解决机制，支持自律组织、市场机构独立或联合依法开展证券期货专业调解，建立调解与仲裁、诉

---

[1] 余涛、沈伟：《游走于实然与应然之间的金融纠纷非诉讼调解机制：以上海为例》，《上海财经大学学报》2016 年第 18 卷 1 期。

讼的对接机制。自 2014 年 5 月 8 日起实施的《国务院关于进一步促进资本市场健康发展的若干意见》，亦提出"健全多元化纠纷解决和投资者损害赔偿救济机制"。2016 年 5 月 25 日最高人民法院和证监会联合发布的《关于在全国部分地区开展证券期货纠纷多元化解机制试点工作的通知》（以下简称《通知》），明确了多元化解机制的工作原则和工作主要内容等，特别是规定对于因虚假陈述等行为所引发的民事赔偿纠纷，证券期货监管机构可以将涉及投资者权利保护的相关事宜委托试点调解组织进行集中调解。该文件中将中证中小投资者服务中心有限公司（以下简称中小投资者服务中心）等 8 家单位列为试点调解组织。

　　作为全国唯一的全市场调解机构，中小投资者服务中心制定了《调解规则》、《调解员管理办法》、业务流程图等工作性规范，并据此积极开展了调解工作。同时，在该中心的推动下，证监会各派出机构、相关行业协会及市场主体与其签订《合作备忘录》，拓宽证券期货纠纷专业解决渠道，推动市场经营主体配合参与小额纠纷裁决机制。同时，证监会部分派出机构与所在地中级人民法院签署《合作备忘录》，建立证券期货纠纷诉讼与调解对接机制，并就不同主体之间的主要证券期货纠纷类型的对接内容和对接方式、调解阶段、调解协议和信息共享等作了明确规定。在各方共同努力下，调解工作有了新进展。例如，甲上市公司 2012 年因披露的公司年报隐瞒重大关联交易，构成虚假陈述，被证监会行政处罚，160 名投资者向法院起诉该公司。受法院委托，经中小投资者服务中心调解，双方当事人正式签署和解协议，上市公司当场赔偿 160 名投资者 850 万元。又如，2015 年 11 月 10 日，湖南证监局协调中小投资者服务中心开展了 2 起因上市公司虚假陈述引发的民事赔偿纠纷的调解。三方当事人签署调解协议之后，

2名遭受损失的投资者当即获得赔偿款。

总体而言，虽然我国虚假陈述民事赔偿调解工作已有16年历史，但由于一方面，以诉讼调解为主，耗时长，程序复杂，投资者维权成本高，部分投资者放弃了救济；另一方面，第三方专业调解刚刚起步，在制度设计上尚有许多待改进之处，因此无论从案件调解数量还是案件调解质量上都难说取得了良好效果。

二、上市公司虚假陈述民事赔偿调解制度的实施困境

投资者与上市公司之间因虚假陈述而发生的民事赔偿争议，适用第三方专业调解，因其具有程序简便、成本低廉等特点，从理论上来说具有实施的系统优势。但诚如上文所述，目前，我国实际实施效果并不理想，究其原因是该制度尚有诸多缺陷，影响了其实际效果的发挥。

一是相关证券期货机构缺乏享有调解职能的法律依据。虽然中国证券投资者保护基金有限责任公司、中小投资者服务中心等8家证券期货机构的成立有《证券法》、《中华人民共和国人民调解法》(以下简称《人民调解法》)等法律法规作为依据，但其享有证券期货纠纷的调解职能却无对应法律依据，仅是由最高人民法院、中国证监会以通知的形式确认其为证券期货纠纷多元化解机制试点调解组织。

二是调解规则没有突出对弱势投资者的倾斜保护。中小投资者在信息、资金、技术、权利救济、证据收集等方面处于弱势地位，因此调解规则应当突出对中小投资者的倾斜保护。而现行的调解规则，如《中证中小投资者服务中心调解规则》第25条、第26条、第29条规定在达成调解协议、终结调解程序等方面，地位不平等的当事人双方都享有启动或终止调解程序的权利，而不是将这

种权利单独赋予投资者。这种制度安排进一步降低了调解成功的可能性，妨碍其有效发挥纠纷解决功能。

三是无法解决调解协议的强制执行效力问题。在我国，仅有《人民调解法》项下的人民调解协议才能被司法确认，《中华人民共和国民事诉讼法》（以下简称《民事诉讼法》）的相关条款亦专门规定了调解协议的司法确认制度[1]。虽然，《通知》明确规定当事人可以申请有管辖权的人民法院确认其效力，但是《民事诉讼法》及其他法律并未规定法院可以对第三方调解协议和行业调解协议进行司法确认。而且，虽然虚假陈述的调解协议并未强调双方当事人共同向法院申请确认，但参照《人民调解法》的规定，仅当事人一方是没有资格向法院提出申请的，这在某种程度上不利于诉调的有效衔接，不利于充分发挥调解快速解决纠纷的作用。

四是现行第三方专业调解模式尚存诸多不完善之处。处理虚假陈述这种涉案主体多、地域分散、单一赔偿数额少但赔偿总额较大的案件，需要完善的配套制度予以支撑，而目前都付之阙如。例如，在多家机构都具有调解职能时，如何防止处理民事赔偿时的监管竞次现象；与法院判决相比，第三方调解重在公平、合理、迅速地解决纠纷，但在适用规则不明确的情况下，如何确保个案处理得公平、合理；中小投资者服务中心与证监会派出机构投保中心的职责如何划分等。总之，目前虚假陈述的民事调解属传统的大调解模式，没有为包括虚假陈述在内的证券纠纷提供特殊的制度供给，制约了调解功能的有效发挥。

---

[1] 杨东：《论我国证券纠纷解决机制的发展创新：证券申诉专员制度之构建》，《比较法研究》2013 年第 3 期。

三、上市公司虚假陈述民事赔偿调解制度对金融争议非诉处理模式的借鉴

通过调解方式解决投资者与上市公司之间因虚假陈述引致的民事赔偿问题，是非诉讼处理金融消费争议的一种类型。综观世界各成熟市场，其并未针对虚假陈述民事赔偿设计专门的调解制度，而是将其纳入非诉处理金融纠纷机制之中。因此，吸收借鉴非诉处理机制的经验和做法对于构建完善的虚假陈述民事赔偿调解制度具有重要的启示意义。

（一）关于调解机构

证券调解作为纠纷处理的便捷方式在西方成熟证券市场国家具有悠久的历史。最初，证券调解机构具有自发性的特点，多由投资者保护组织、行业自律组织、仲裁机构等提供服务，管理也比较松散。但随着证券市场的日益发展，交易复杂性和创新性程度逐渐提高，证券经营机构和投资者之间的纠纷也呈现多元化的趋势。特别是金融危机爆发以后，传统的调解机制已经不能有效解决双方之间的纠纷争议，于是主要成熟市场国家或地区的监管机构先后整合或设立单独的证券调解机构，对证券调解组织和管理机制做了重大改革，以此来提高解决证券纠纷的权威性和公平性，提高保护投资者合法权益的质量和效率[1]。

从调解机构的性质来看，一般定位为非公权力机关，由立法机关或监管机构授权其行使纠纷调解职能。例如，英国于2000年根据《金融服务与市场法》设立金融督察服务有限公司，我

---

[1] 王欣新、亢力：《浅论证券纠纷调解法律制度》，《甘肃社会科学》2011年第2期。

国台湾地区于 2012 年设立金融消费评议中心，我国香港地区于 2012 年成立作为香港证监会全资公司的金融纠纷调解中心，美国、日本以自律组织为主成立纠纷解决组织等。这些机构虽然不是公权力机关，但行使类似公权力机关的职能，有的还具有浓厚的官方背景。以我国台湾地区为例，其金融消费评议中心的董事、监察人由"金融监督管理委员会"委派，资金由负有法律义务的证券及期货市场相关机构捐助，兼具保护投资者、监督证券市场运行之功能，亦属"金融监督管理委员会"行政职能之事项[1]。尽管接受监管机构的监管或指导，但这些机构均保持相对独立性，监管机构不得干预具体案件的处理过程。

从调解机构的调解范围来看，有统合型的，即统一负责银行、保险、信托、投资等领域的纠纷处理，如英国、澳大利亚及我国台湾地区等；有分散型的，即在分业监管背景下各自负责其监管领域内的纠纷处理，如美国、日本等。

成熟证券市场国家或地区的调解机构之所以如此设置，原因在于：一是监管机构或行业自律组织相对独立。针对他们的纠纷比较少，投资者对其比较信任，对其制定的规则也较为认可。在证券领域纠纷解决制度的设计和运行中，其具有一定的公信力。二是从方便中小投资者的角度来看，这些机构提供调解服务时没有按照市场化的原则确定价格，其不收费或收取少许费用，提供的相当于是一种公共产品[2]。监管机构或行业自律组织本身有经费来源和人员力量，不以盈利为目的，比较适合提供这种调解服务。

---

[1] 王文宇：《我国台湾地区投资者保护中心的"法制"与实践》，载郭锋主编《证券法律评论（2015 年卷）》，中国法制出版社，2015。

[2] 余涛、沈伟：《游走于实然与应然之间的金融纠纷非诉讼调解机制：以上海为例》，《上海财经大学学报》2016 年第 18 卷第 1 期。

（二）关于调解特殊规则

证券纠纷调解规则的设计以对处于弱势地位的投资者予以倾斜保护为出发点，这体现了对投资者进行实质公平对待的理念。首先，应确立有利于投资者的发起或终结机制。是否需要以调解方式解决纠纷，将选择权赋予投资者，不以与公司达成合意为前提条件。同时，在调解过程中，允许投资者以提起仲裁或诉讼方式退出调解，以及接受或不接受调解结果，而对公司的此类权利予以限制。其次，为保护投资者的利益，方便投资者维权，提供调解服务时对其不收取费用或者收取少量费用。相对于仲裁、诉讼等其他证券争议解决方式，调解具有突出的成本优势。例如，英国金融督查服务公司只向金融机构收取年费和受理费，对投资者不收费。美国、新加坡及我国台湾地区收取少许费用，但在具体做法上又有所差异。最后，调解依据更具灵活性。除法律法规外，可以将规章、其他规范性文件及自律规则作为调解的依据。此举在相应上位法缺位情形下，更有利于保护投资者的利益。

（三）关于调解协议效力

调解协议的效力直接关系到调解的功能能否顺利实现。从主要市场国家或地区的调解实践来看，调解协议效力可以分为如下3种。

一是由投资者决定是否接受调解协议，一经接受当事人双方必须予以执行。英国、日本和澳大利亚都采取此种模式，但又有细微差异。在英国和澳大利亚，投资者一旦接受调解协议，就对双方都产生了法律效力；如果投资者拒绝接受调解，则对相对方也无约束力。调解协议生效后，相对方应当在约定的期限内履行完毕，这意味着对其施加了单边的法律强制力。相比于上述两个国家法律的强硬态度，日本由于以行业团体的自律为主，因此规制的灵活性更大一些。如果相对方不接受纠纷调解的结果，仅要求相对方与指定纠纷解决机构签订"实施程序基本合同"加以规制。这是日本在未形成统合型纠纷解决的情形下，为确保纠纷解决的实效性所做的制度安排[1]。

二是双方一旦接受调解协议，调解协议就具有强制执行力。韩国金融纠纷调解委员会作出的裁决，只有在双方当事人都接受时才具有与"判决上和解"同等的效力，而这就意味着具有强制执行效力。换言之，韩国的调解协议对于金融机构没有单边的拘束力。就美国而言，当事人双方在《提交调解协议》上签字即表明该协议对双方都具有约束力，可以强制执行。在实践操作中，金融业监管局作为美国最具影响力的证券业自律监管机构，其对会员有权采取一些处理、处罚措施，这在很大程度上能够督促会员主动履行和解协议。

三是调解协议经法院确认后具有强制执行力。在我国台湾地区，如果当事人接收调解方案之后十日内没有提出异议，则调解协议成立。金融消费评议中心在调解协议成立之后的七日内，将其送达有管辖权的法院确认，经确认后的调解协议与生效的民事判决具有同等效力。我国台湾地区"巧妙迫使"金融机构发表接受"管辖"的各种声明，"自愿"接受金融消费评议中心作出的裁定。同时，调解协议经法院确认后具有与民事判决同等的法律效力，既达到了具有强制力的效果，又避免了剥夺公司诉权的可能性[2]。

---

[1]杨东、毛智琪：《日本证券业金融ADR的新发展及启示》，《证券市场导报》2013年第7期。

[2]王欣新、亢力：《浅论证券纠纷调解法律制度》，《甘肃社会科学》2011年第2期。

四、完善我国虚假陈述民事赔偿调解制度的具体建议

专业化调解具有尊重当事人意愿、效率高、成本低、保密性强等特点，能够为投资者提供一种独立且费用相对较低的纠纷解决途径。我国是一个以中小投资者为主的市场，通过法院诉讼解决上市公司虚假陈述民事赔偿问题具有系统性劣势。有鉴于此，构建一个适合我国国情的调解制度具有示范效应。基于目前我国虚假陈述民事赔偿调解制度的不足，并借鉴境内外成熟市场的相关经验，提出具体建议如下。

（一）完善法律依据

《证券法》以及相关法规对证券交易所和证监会是否具有虚假陈述民事赔偿的调解职能没有作出规定。尽管《证券法》第176条及中国证券业协会公布的《证券纠纷调解工作管理办法（试行）》等一系列规定，初步形成了证券纠纷调解机制，但上述调解范围限于"会员之间、会员与客户之间发生的证券业务纠纷"，主要集中在账户管理、委托理财、客户保证金、金融服务等方面，没有涉及投资者和上市公司之间因其虚假陈述发生的证券纠纷。证券交易所的相关规则中也仅规定，公司与投资者之间发生的纠纷可以提交证券期货纠纷专业调解机构进行调解，并未明确调解职责。

根据《中华人民共和国立法法》的相关规定，应当在法律层面明确成立第三方专业调解机构的依据。首先，由《证券法》以专条的形式对全国证券期货纠纷调解机构进行原则性规定，并授权中国证监会予以细化规定；其次，中国证监会根据《证券法》

的授权,制定有关调解机构设立、运行及监管的部门规章[1];最后,由调解机构根据具体情况制定更加细化的业务规定。

(二)界定调解机构职责定位

目前,通过概括或列举方式明确调解事项包括投资者与上市公司之间发生纠纷的有中小投资者服务中心、深圳证券期货业纠纷调解中心和广东中证投资者服务与纠纷调解中心等3家机构。中国证券投资者保护基金有限责任公司尽管在业务范围中没有明确该类调解事项,但其作为被委托方已经成功完成2起虚假陈述的先行赔付案例,实际上也可视为虚假陈述民事赔偿的调解机构,而且也已经得到了《通知》的认可。上述调解机构既有全国性的,也有地方性的,如何清晰界定各机构职责并使其顺畅衔接是一个重要问题。在全国性调解机构层面,宜明确中小投资者服务中心为全国性的唯一统管纠纷调解的第三方机构,性质上是中国证监会直接管理的证券公益机构,以保证该中心在中国证监会指导下对证券期货纠纷的专属管辖权,并避免采取公司形式可能导致的利益冲突。这种将金融监管与调解机构分离的做法,在客观上能够保障调解机构的中立性、公正性、独立性,增强投资者保护的实际效果。

在中小投资者服务中心实现调解工作统一管理的前提下,应理顺其与各派出机构指导下的各个调解中心之间的关系,形成垂直双层的调解组织架构。在此原则下,两者的调解职责可以做如下划分:一是对于上市公司主动寻求调解赔偿的,由于其面对的是所有适格的投资者,动辄上万人,赔偿金额巨大,社会影响广泛,

---

[1]杨东、毛智琪:《日本证券业金融 ADR 的新发展及启示》,《证券市场导报》2013 年第 7 期。

直接影响到公司是否能够申请恢复上市或是否享有缩短期限的融资资格，此类案件宜由中小投资者服务中心受理并调解。二是对于投资者主动寻求调解赔偿的，由上市公司所在地派出机构指导的相应调解中心进行调解，必要时可以商请中小投资者服务中心提供具体指导。如果是法院受理的诉讼，可以将案件先移送所在地的相应调解中心进行调解，若调解不成，再申请中小投资者服务中心予以调解。

（三）制定向中小投资者倾斜的保护性规则

虚假陈述民事赔偿制度应当考虑中小投资者的弱势地位，在规则设计上予以倾斜性保护。

首先，调解依据应更具灵活性，突出公平合理原则的适用。由于调解属于诉讼外的替代性纷争解决制度，故其决定之做成标准并非以法令规定为准。如在澳大利亚各种产业间之评议机构中，其实务行为上最广为人知的是评议人所为之决定系基于公平合理原则[1]。这在虚假陈述民事赔偿数额如何计算未予明确的情况下，为适当选择有利于充分赔偿投资者的计算方式提供了法理依据。

其次，对上市公司适当收费、对中小投资者不予收费。无论全国性还是地方性的调解机构，成立目的在于保护中小投资者的合法权益，公平、合理、有效地处理民事赔偿，以增进投资者对市场的信心；性质为公益性机构，非以营利为目的[2]，提供的调解服务相当于一种公共产品，服务的价格不能根据市场机制决定。

---

[1] 李志峰：《公平合理原则于金融消费评议制度所扮演之角色：以澳洲金融评议制度为核心》，《东吴法律学报》2016 年第 28 卷第 1 期。

[2] 蔡钟庆：《金融消费争议处理机制之研究》，《财产法暨经济法》2012 年第 32 期。

因此，在处理该类民事赔偿争议时，对于责任承担方的上市公司可以收取适当费用，以涵盖调解机构相关的直接运营成本；而对于中小投资者则不予收费，以鼓励其积极行使权利，维护自身权益。

再次，确立有利于投资者的发起调解或终结调解机制。是否需要以调解方式解决纠纷，应将选择权赋予投资者，不以与公司达成合意为前提条件。同时，在调解过程中，允许投资者以提起仲裁或诉讼方式退出调解，以及接受或不接受调解结果，且对公司的此类权利予以限制。为达到此目的，监管机构可以在《招股说明书》中要求公司作出上述承诺，以避免由此可能带来的法律风险。

最后，赋予调解机构调取相关资料的权利。调解机构处理该类民事赔偿争议，虽然不适用民事诉讼法上的证据规则，但仍然应斟酌事件之事实证据，迅速作出公平合理的调解结果。但由于中小投资者获取事实证据的能力较弱，完全由其提供支持其受损害的证据资料存在诸多困难。此时，如果上市公司再不配合提供证据，那么调解根本无法进行下去。因此，应当赋予调解机构从信息优势方——上市公司获取相关证据资料的权利，以保证处理争议的基本事实证据齐备。

（四）丰富赋予调解协议强制执行力的途径

司法权是解决纠纷和权利救济的最后一道防线，任何其他纠纷解决方式都不能违背司法终局性。但调解协议的效力关系到调解功能的实现以及公众的认可度，因此在不违背司法终局性的前提下，应当探索赋予调解协议强制执行力的多种方式。

一是申请司法确认。双方当事人达成的调解协议可以在一定期限内向有管辖权的人民法院申请确认，一经确认即具有与民事判决同等的法律效力，一方当事人拒绝履行或未全部履行的，对方当事人可以向人民法院申请强制执行。二是调仲对接。双方当事人达成调解协议的，可以依据仲裁条款，申请仲裁机关依法快速作出仲裁裁决[1]。例如，深圳证券期货业纠纷调解中心通过仲裁裁决的形式来保证调解协议的强制执行效力，即其可以直接根据调解协议的内容制作仲裁裁决书，从而实现调解和仲裁的有效衔接。三是调解与公证对接。通过引入和发挥公证的职能作用，保障调解协议效力。例如，2017年7月14日，北京市长安公证处与中证中小投资者服务中心在京正式签署合作协议，首次建立公证与证券期货纠纷调解对接机制，赋予调解协议强制执行力。四是在条件成熟时考虑制定金融专业调解制度。例如，参照韩国调解协议的生效模式，如果双方当事人都接受调解结果，就承认其具有与"判决上和解"的同等效力，从而赋予其法律强制执行效力。

（五）启动调解程序以证监会作出行政处罚为前置程序

投资者申请以调解方式解决与上市公司之间的虚假陈述赔偿争议，应当以上市公司的信息披露违法行为被证监会予以行政处罚为前提条件。姑且不论证券民事诉讼中的前置程序是否合理，即使取消行政前置程序，投资者以信息披露违法为由起诉公司之后，法院亦会对公司是否存在虚假陈述行为作出判断并据此决定公司是否向投资者履行赔偿责任。调解机构不承担监管机构的监管角色，不享有调查违规案件并处以罚款、施加行政处罚等权

---

[1] 霍文鹃：《"全国证券期货纠纷调解中心"首次引入公证机构：北京市长安公证处与中证中小投资者服务中心签署合作协议》，《中国公证》2017年第7期。

力[1]；也没有司法认定权，没有权力认定公司的虚假陈述行为。因此，只有当监管部门作出行政处罚认定上市公司存在虚假陈述行为之后，适格当事人才能据此申请解决民事赔偿问题。

（六）缩短行政处罚对上市公司的影响期限，引导其主动选择调解

从公开信息来看，因上市公司虚假陈述引起的调解件申请数量不多，调解成功的案例更少，除虚假陈述案件案情复杂或涉案金额较大，调解中心认为不适宜调解等情形外，很重要的一个原因是上市公司寻求调解机制解决争议的积极性不高。实证研究表明，无论是投资者还是金融机构都对诉讼方式有所偏好，这也是上市公司发生虚假陈述案件时大都到法院解决争议的原因之一[2]。随着多元化解证券纠纷机制的推进，目前，在首发环节因欺诈发行导致的重大信息披露违法行为赔偿中，公司由于担心在证监会作出行政处罚决定起一年内，被证券交易所终止上市，一般会比较积极地对民事赔偿责任承担作出妥善安排，以换取向证券交易所申请恢复上市的资格条件。换言之，公司若能够在一年内赔偿因欺诈发行而对投资者造成的损失，那么其就可能避免被退市，这使公司有动力去选择非诉方式快速解决纠纷。

借鉴欺诈发行民事赔偿的赔付经验，发生持续披露阶段的虚假陈述案件时，应当健全配套制度，使上市公司有动力寻求调解方式予以民事赔偿。对于未被认定为信息披露重大违法行为的公

---

[1] 李慈强：《论金融消费者保护视野下金融纠纷调解机制的构建》，《法学论坛》2016 年第 3 期。

[2] 余涛、沈伟：《游走于实然与应然之间的金融纠纷非诉讼调解机制：以上海为例》，《上海财经大学学报》2016 年第 18 卷第 1 期。

司，可以缩短行政处罚对公司的影响期限，以引导公司主动赔偿投资者损失。例如，可以将受到行政处罚不得发行优先股的期限由 12 个月缩短为 6 个月；将受到行政处罚不得进入并购重组审核绿色通道的期限由 3 年缩短为 2 年；将主板、中小板上市公司因受到行政处罚不得公开发行证券的期限由 36 个月缩短为 24 个月。在此情形下，有此需求的公司极有可能选择调解方式解决纠纷，以便尽快启动相关重大事项。

第四节　信息披露民事责任制度新发展：先行赔付制度

一、先行赔付制度的引入必要性及实施优势

《招股说明书》（2015 年修订）第 18 条和《证券法》（一读稿）第 173 条都规定了先行赔付制度。所谓先行赔付，是指因欺诈发行、虚假陈述或者其他重大违法行为给投资者造成损失的，发行人的控股股东、实际控制人、相关的证券经营机构、证券服务机构以及国务院证券监督管理机构认可的投资者保护机构可以先就赔偿事宜与投资者达成协议。先行赔付后，可以依法向发行人以及其他连带责任人进行追偿。

（一）虚假陈述民事赔偿诉讼的内在缺陷

《证券法》第 69 条、第 173 条分别规定了上市公司及证券服务机构公告或出具的文件存在虚假记载时，相关主体应当承担民

事赔偿责任。在此之前，2002 年和 2003 年最高人民法院分别出台了受理和审理虚假陈述民事赔偿案件的文件，对诉讼形式、案件管辖、损害赔偿因果关系、赔偿范围等予以细化规定，为投资者通过民事赔偿诉讼寻求赔偿提供了配套制度。但 2015 年以来的证券市场实践却显示该制度并未实现预期的功能，前文所述有代表性的案例也不过 10 余件。据统计，主动提起虚假陈述民事赔偿的投资者，不超过适格投资者的 10%，起诉总标的不超过可计算损失总值的 5%，原因在于：

一是虚假陈述民事赔偿案件具有原告人数众多、地域分散、数额上多为"小额多数"的特点，"搭便车"现象明显。同时，由于证券案件专业性高、复杂性强，单个投资者的精力、财力、专业水平有限，证据收集能力不足等原因，投资者的损失往往得不到及时与足额的赔偿，又进一步促使中小投资者很少有意愿主动提起诉讼。二是诉讼周期长，程序烦琐。在 2016 年之前提起诉讼需要满足行政处罚或刑事处罚的前置程序，在案件处罚周期较长且行政复议或行政诉讼中停止民事案件审理的情形下，诉讼耗时 3 年到 5 年。三是存在发行人、上市公司因资金调度不灵而不能及时清偿，或者资不抵债、经营瘫痪等情形时，即使法院作出判决，上市公司也没有能力作出赔偿。四是缺乏有效的配套制度。例如，我国并未设立集团诉讼制度，以及能够代表广大投资者利益的专业诉讼代表人。尽管具有信息和专业优势，但无论是投保基金公司等投保机构，还是证券监管机构，均不具备民事诉讼主体资格，无法通过提起民事诉讼的方式来保护投资者利益。

综上，引入先行赔付制度十分必要。

（二）先行赔付制度的实施优势

先行赔付制度适用的情形是：当欺诈发行、虚假陈述等违法行为给投资者造成损失时，可以在法院判决之前，甚至在证监会行政处罚之前，由相关主体对适格投资者进行赔付。其最大的优势是能够快速地实现对投资者损害的赔付，具有简便快捷的突出特征。其具体实施优势如下。

一是先行赔付作为一种诉讼外的和解方式，它通过当事人自愿协商，就赔付投资者损失达成协议并加以履行。这种和解方式能够及时、充分地赔偿投资者的损失。二是先偿后追。承担连带责任的其中一方以自己名义先行与适格投资者达成和解协议，赔偿其相应损失，之后再向其他连带责任方追偿其应承担责任之外的赔偿金额，能够快速地恢复受侵害的社会关系。三是先行赔付制度可以提高证券业界的经营能力和信誉水平。进行先行赔付的主体往往是证券业机构。为了防止承担此种赔付责任，其会更加勤勉尽责地履行核实查验职责，提高自身的经营管理水平。

二、先行赔付的案例

（一）案例一

2012 年 9 月，证监会因万福生科（湖南）农业开发股份有限公司（以下简称万福生科）涉嫌财务造假，对其立案调查；2013 年 10 月，证监会向其下发行政处罚决定书（〔2013〕47 号），最终认定其首发招股说明书、2011 年年度报告、2012 年半年度报告存在虚假记载，且未就 2012 年上半年停产事项履行临时披露义务，并对公司及相关人员、保荐机构及其相关人员、审计机构和律师事务所予以相应行政处罚。

2013 年 5 月 10 日，平安证券作为万福生科的保荐机构及主承销商，推出了对受损投资者的先行赔付方案，并以自有资金设立 3 亿元的专项补偿基金，委托保护基金公司担任基金管理人，采取"先偿后追"的模式，通过网上和网下两种方案与适格投资者寻求和解。专项补偿基金的存续期间为成立之日起 2 个月，可以根据实际情况适当延长，但最迟不超过 2013 年 12 月 31 日。

截至 2013 年 9 月 11 日，该基金在线上、线下合计赔付人数达 12782 人，占适格投资者总人数的 96%；赔付金额达 178692046 元，占应补偿总金额的 99.63%。赔付工作结束后，平安证券即进行追偿工作。2014 年 9 月 26 日，平安证券与龚永福、杨荣华就双方的责任分担比例达成了一致意见，约定根据平安证券与龚永福、杨荣华在万福生科虚假陈述事件中所处的地位和负有的过错责任，对应补偿点金额 189658786 元，平安证券承担 40%、龚永福、杨荣华二人承担 60%，因此实际控制人龚永福、杨荣华应承担约 1.14 亿元。在其提出最多赔付平安证券 1 亿元之后，经保护基金公司积极协调，平安证券最终予以同意。2016 年 1 月 7 日，龚永福、杨荣华将 1 亿元支付到平安证券账户。在此之前，杨荣华自愿将其持有的 3000 万股万福生科股票质押给保护基金公司作为龚永福履行赔偿责任的担保。追偿完毕之后，保护基金公司于 2016 年 1 月 8 日解除了 3000 万股的股票质押手续。

（二）案例二

2013 年 3 月，证监会因深圳海联讯科技股份有限公司（以下简称海联讯）涉嫌财务造假，决定对其立案调查；2014 年 11 月，证监会向其下发行政处罚决定书（〔2014〕94 号），最终认定其首发上市招股说明书、2011 年年度报告、2012 年前三季度报告存在虚假记载，并对公司及其相关人员、保荐机构及其相关人员予以相应行政处罚。

2014年7月18日，海联讯4名控股股东出资2亿元设立专项补偿基金，委托保护基金公司担任基金管理人，通过线上和线下两种方案寻求与适格投资者的和解。专项补偿基金的存续期间为成立之日起2个月，可以根据实际情况适当延长，但最迟不超过2014年12月31日。截至2014年11月20日，该基金在线上、线下合计赔付人数达9836人，占适格投资者总人数的96%；赔付金额达88827796元，占应补偿总金额的99%。

与万福生科案相比，海联讯专项补偿基金运作体现了以下特点：一是专项补偿基金的出资人是海联讯的四位控股股东而不是其保荐机构。这是首个由大股东自愿出资，主动赔偿投资者损失的案例。二是丰富了纠纷解决渠道，引入了专业调解及仲裁方式。投资者不愿意接受和解方案的，可以向证券纠纷调解机构申请调解，也可以与基金出资人一起共同向仲裁机构申请仲裁。

（三）案例三

2015年7月，证监会因丹东欣泰电气股份有限公司（以下简称欣泰电气）涉嫌财务造假，决定对其立案调查；2016年7月，证监会最终认定其首发上市招股说明书、2013年及2014年年度报告、2014年半年度报告存在虚假记载，且2014年年度报告中存在重大遗漏，对公司及其相关人员、保荐机构及其相关人员予以行政处罚。

2016年6月24日，兴业证券设立了欣泰电气案适格投资者先行赔付专项基金，拟以5.5亿元自有资金用于先行赔付。截至2017年10月20日，达成有效和解的适格投资者人数为11727人，占适格投资者总人数的 95.16% ；赔付金额为 241981273 元，占应赔付总金额的 99.46%。

与万福生科案和海联讯案相比，本案呈现如下特点：一是前两个案例的出资人设立专项补偿基金的同时，即委托保护基金公司为基金管理人，通过协议约定了双方之间的权利和义务，后续的赔付工作主要由保护基金公司牵头办理；而本案中兴业证券直至 2017 年 6 月才委托保护基金公司办理后续的赔付工作。二是前两个案例的实际控制人没有针对行政处罚提起复议或诉讼；而本案中欣泰电气实际控制人先是提起行政复议，后在证监会作出维持此前行政处罚决定后，又提起行政诉讼，但这并不构成兴业证券推进赔付方案的法律障碍。三是万福生科案中的兴业证券在设立专项赔付基金之后，并未向万福生科提起仲裁；本案中，兴业证券通过上海国际经济贸易仲裁委员会仲裁请求欣泰电气等赔偿兴业证券对投资者先行赔付产生的损失，金额暂定 5000 万元。有的观点认为，其目的或是借此依法申请对欣泰电气资产进行冻结和保全，防止出现官司打赢但对方却无力支付的窘境；或者考虑通过仲裁裁决以区分双方侵权责任的承担范围。四是由于本案先行赔付的申请方式和具体流程直至 2017 年 6 月才公布，前期已有大量投资者向法院提起诉讼。据统计，提起诉讼的投资者有千余人。五是 2016 年 9 月 2 日深交所作出了欣泰电气股票自同年 9 月 6 日起暂停上市的决定。"最严退市新规"出台后，欣泰电气因欺诈发行暂停上市后不能恢复上市，且创业板没有重新上市的制度安排，以至其股票于 2017 年 8 月 28 日终止上市并摘牌，成为第一家因欺诈发行而被强制退市的创业板上市公司。

在此制度安排下，投资者损失如何认定又与前两个案例有不同考虑，表现在：首先，先行赔付不设基准日，按二级市场适格投资者实际买卖差价计算投资差额损失，即先按欣泰电气股票暂停上市收盘价计算首次赔付金额。其次，在欣泰电气股票退市后，按此部分适格投资者在退市整理期的实际卖出价格或欣泰电气股票退市价格计算和划付二次赔付金额。最后，还参照《合同法》关于合同被撤销后的法律责任的规定，对申购新股的投资者进行赔付。

（四）简要评析

保护基金公司担任基金管理人的万福生科和海联讯先行赔付案例，都在较短时间内圆满完成了对适格投资者的赔偿工作，开创了利用市场化手段保护投资者的新方式，对于完善保护投资者利益的先行赔付长效机制，具有重要的里程碑意义。其呈现以下特征。

第一，高效率、低成本。上述 3 个案例的先行赔付工作实现了高度电子化和自动化，省却了投资者证据收集、身份公证和书面确认等司法程序中的复杂手续；同时，又创造性地通过证券交易所网络投票系统确认补偿金额、证券结算系统划付补偿款的方式，使投资者在 60 个自然日内，几乎没有花费任何成本就获得了补偿资金。第二，充分保护投资者利益。由保护基金公司受托担任基金管理人，在现有虚假陈述赔付的法律框架下，在补偿范围、补偿金额计算方法等方面进行了精心论证和设计，选取了最有利于投资者的赔付方式。例如，鉴于海联讯股票二级市场的 U 形走势，优化赔付方案，最终补偿金额比最初提出的金额高出 2700 余万元，贯彻了"充分补偿"原则。

三、先行赔付制度的实践评析

（一）赔付方案的制定权问题

在虚假陈述案件中受到损害的投资者数量巨大，先行赔付方根本不可能与每一个适格投资者逐一协商并签订赔付协议，只能以类似集体合同的方式制订赔付方案并向投资者发出要约。在这种情况下，由谁制订方案、需要履行何种程序就尤为重要。在前述三个案例中，专项赔付基金出资人都是在没有征求投资者意见或召开听证会的情况下先行制订了赔付方案，受损投资者在赔付方案的制定上没有发言权。虽然在万福生科、海联讯案例中，投资者得到充分赔付从而没有对此提出异议，但这并不能否认其制度设计上的缺陷。

先行赔付制度从性质上讲属于民事和解，是双方当事人之间的一种私法协议。制定赔付方案的一种理想状态是赔付方与适格投资者逐一达成协议，但因社会成本过高而不具有可行性和操作性；一种可行的现实方案是赔付方案由赔付主体制定，但由具有公益性和独立性的投资者保护机构主持召开听证会予以修改完善。后者的优势在于：一是赔付协议无论采取何种方式，实质上都是由赔付方和投资者签署，赔付方制定方案符合解决民事纠纷的一般法理依据。二是为了防止赔付方案相关条款出现过于保护赔付方的倾向，由投资者保护机构主导后续的修订，予以纠偏。三是为了防止投资者保护机构有过于保护投资者的倾向，通过召开听证会等形式保证修订过程的透明度，以充分吸收市场各方的意见和建议。

（二）赔付金额的计算标准问题

1. 揭露日或更正日是否可以设置两个及以上

在虚假陈述民事赔偿案件中，虚假陈述实施日、揭露日或更正日、基准日的确定是审理此类案件的关键，直接决定了适格投资者范围、损失计算的起始点等。然而，最高人民法院《关于审理证券市场因虚假陈述引发的民事赔偿案件的若干规定》中关于揭露日或更正日的规定更侧重于其表现形式，并未明确规定具体认定原则、标准等内在的实体内容。从已有的司法实践案件来看，除大庆联谊设定了两个揭露日外，很少有设定两个及以上的情形。

在万福生科和海联讯案例中，为了充分赔付投资者，都分别设立了三个揭露日或更正日，目的是尽可能扩大投资者的赔付范围。以万福生科为例，其设立的揭露日是 2012 年 9 月 15 日（发布《被立案稽查公告》），更正日是 2012 年 10 月 26 日（发布《关于重要信息披露的补充和 2012 年中报更正的公告》）和 2013 年 3 月 2 日（发布《关于重大事项披露及股票复牌的公告》）。如果将 2013 年 3 月 2 日作为虚假陈述揭露日，而不增加如上所述的另外时点，那么投资者在 2013 年 3 月 2 日之前的股票卖出行为产生的亏损将得不到赔付。但根据万福生科的股票走势，在 2012 年 9 月 15 日、2012 年 10 月 26 日股价大幅下跌且卖出股票的投资者众多，投资者亏损严重。

2. 赔付金额是否可以大于实际损失

万福生科设立了 2012 年 9 月 15 日、2012 年 10 月 26 日、2013 年 3 月 2 日三个揭露日或更正日。自 2011 年 9 月 14 日（虚假陈述实施日）起，至上述三个时点之前买入该股票，且在该时点之后因卖出或继续持有该股票而产生亏损的投资者，属于应赔付投资者范围。同时符合其中两项或以上情形的，分别计算每种情形下的赔付金额，按照有利于投资者的原则确定最终的赔付金额。

海联讯确定的揭露日是 2013 年 3 月 22 日，更正日是 2013 年 4 月 27 日及 2014 年 4 月 30 日。考虑到这三个时点的股价走势大致呈 U 形，最终选择了以下计算方法：不论投资者卖出或持有证券是否跨越多个揭露日或更正日，均按与投资者买入股票时点最接近的揭露日或更正日及其对应的基准日予以计算；对于同一投资者在揭露日或更正日持有股份，后续又在 2014 年 4 月 30 日之前买入股份的，分别计算各部分的亏损金额，并将各部分的亏损金额相加。

上述两个案例都存在部分投资者可能获得高于其实际损失金额的赔付金额，是否符合规定的立法本意值得探讨。虚假陈述行为赔偿金额的计算方法在最高人民法院的相关司法解释中提出了司法诉讼适用的标准，且以法律强制力作为实施保障，投资者对此并没有过多质疑。而在违法责任主体主动出资设立专项补偿基金的情况下，补偿金额的计算方法并没有明确规定。先行赔付的幅度并没有统一的适用标准，应当尊重个案中相关各方的协商结果，并在执行时以协议内容为准。

围绕投资者补偿范围及补偿金额，主要形成了三种学说：第一种学说，自我投资说。虚假陈述揭露后，投资者根据后市行情进行自我投资判断。基准日前没有及时处分其所持有的证券，基准日后如果股价下跌，应由投资者自己负责，不能就损失扩大部分向虚假陈述责任人追偿；基准日后如果股价上涨，也不应减损投资者应获得的赔偿数额。第二种学说，多重虚假陈述说。上市公司等违法主体可能会实施多个相互独立的虚假陈述行为。对其中一项虚假陈述行为的一次完整揭露或更正，可以认定为这一虚假陈述行为的揭露日或更正日。因此，在存在多个虚假陈述行为的同一案件中，各项虚假陈述行为及其对应的揭露日或更正日，都构成一种应予赔偿的情形。投资者只要符合其中任一情形，均应得到赔偿。第三种学说，实际损失说。补偿金额以投资者因虚假陈述而实际发生的亏损金额为限。换言之，部分跨期持有的投资者如果没有实际发生亏损甚至获利，则不予赔偿；同一投资者在揭露日或更正日持有股份，后续又有买入的，则分别计算各部分的亏损金额，在总体亏损时才予赔偿。

以上三种学说各有合理性，但都存在以偏概全的问题。自我投资说虽然对部分跨期持有的投资者赔偿金额高于实际损失，但这更有利于和解的达成，而且从先行赔付制度设立初衷来看，其赔付标准一定不能低于司法诉讼标准。多重虚假陈述说分析细腻，值得肯定，但将存在紧密关联性和承接性的连续虚假陈述行为割裂为相互独立的行为，值得商榷：一方面，虚假陈述是概括性概念，涵盖了股票发行、交易过程中的信息披露行为。在市场实践中，第一次揭露日往往是公司被立案稽查公告日，由于立案理由的不特定性，应理解为涵盖了之前所有的虚假陈述行为。另一方面，由于证监会查处信息披露违法违规行为的权威性，立案调查公告就足以对投资者产生警示效果，似应理解为能够将之前所有的虚假陈述行为对股价虚高的"灌水"影响一次性挤压出去。实际损失说更符合传统侵权行为法理论，也更接近司法实践赔偿标准。但由于万福生科和海联讯专项赔付基金的实践在先，如果今后改采此学说予以赔付，容易引发较大争议，投资者的接受度可能相对较低。

（三）赔付协议效力问题

先行赔付本质上是赔付方和投资者达成的和解协议，其成立需要履行要约和承诺两个环节。如果采取传统的债权确认模式，由于投资者人数众多且需要提交的材料与司法诉讼提交的证据材料一致，难以实现快速、便捷赔付投资者的目的。因此，在万福生科案例中，采用了交易系统申报及点击确认和解承诺函的方式。在此种操作模式下，基金管理人向投资者推送的投票表决视为向适格投资者发出的和解要约，投资者的赞同投票被视为对要约的承诺，双方之间的和解协议自投资者的表决指令到达时生效，基金管理人根据和解确定的金额予以支付则视为履行和解协议。

此种操作模式需要论证的问题是，通过上市公司股东大会网络投票系统推送的数据仅包括赔付金额和投票代码，和解的其他要素如金额计算方法、和解效力等需要通过公告等方式辅助实现广而告之。在此情形下，投资者发送投票指令能否视为双方已经达成和解协议不无疑问。为了防范可能的法律风险，在万福生科案例中增加了投资者网上签署和解承诺函的步骤。该承诺函是不可撤销的，主要明确了以下事项：一是接受赔付之后，不会就此虚假陈述事件向责任人之一或全体索赔。二是向出资人平安证券让渡向其他责任方进行追偿的权利。三是该承诺函构成本次和解要约的有效承诺。在海联讯案例中，为了进一步方便投资者操作，取消了网上签署承诺函的环节，投资者获知赔付金额后，只要通过网络投票系统进行有效申报，即视为愿意接受赔付，与海联讯控股股东达成和解。

中国证监会《关于改革完善并严格实施上市公司退市制度的若干意见》以及交易所的相关规则都对先行赔付措施予以支持，

违法责任人"主动"履行先行赔付的外在压力可能来自恢复上市规则的激励。而且基于自律措施的定位，待证券业协会制定专门的制度规则后，按该规则签订的民事和解协议就具有了事实上的强制执行力。

（四）受损害投资者选择权问题

投资者如认可赔付方案，就接受和解数额；如果不认可赔付方案，仍然享有提起诉讼的权利。但投资者只要接受了先行赔付方案中的和解协议，那么不仅不能再向先行赔付责任人提出新的赔偿要求，也不能再向其他连带责任人提出赔偿要求。在万福生科案和海联讯案中，通过投资者签署或阅知和解承诺函的自愿方式，对上述弃权条款进行了约定。

在万福生科案中，如果投资者不接受民事和解，可以依法提起诉讼；而在海联讯案中，如果投资者不接受民事和解，除了依法提起诉讼之外，还可以申请调解和仲裁，可选择的纠纷解决途径更加多元化、空间更大。就实际情况来看，2014 年 12 月，有 4 名投资者与海联讯主要股东就赔付事宜达成和解协议，涉及赔付金额 508500 元。

四、先行赔付制度的构建思路与规则设计

先行赔付制度在本质上是当事人根据民法上的自愿原则，通过自行协商而达成和解协议的行为，在性质上属于诉讼外和解协议，符合鼓励当事人和解的司法精神。在梳理总结已有案例的基础上，《证券法》（一读稿）第 173 条规定：因欺诈发行、虚假陈述或者其他重大违法行为给投资者造成损失的，发行人的控股股东、实际控制人、相关的证券经营机构、证券服务机构以及国务

院证券监督管理机构认可的投资者保护机构可以就赔偿事宜与投资者达成协议，予以先行赔付。先行赔付后，可以依法向发行人以及其他连带责任人进行追偿。

（一）先行赔付责任承担主体

先行赔付的责任主体是虚假陈述事件中的连带责任人之一。如果只有一个责任主体，或者责任主体之间不存在连带责任，则不能适用先行赔付制度。依据《证券法》第69条的规定，应当与发行人、上市公司承担连带赔偿责任的主体都可以是承担先行赔付责任的承担主体。具体包括：一是发行人、上市公司的董事、监事、高级管理人员和其他直接责任人员。二是保荐人、承销的证券公司。三是发行人、上市公司的控股股东、实际控制人。但在实践中，考虑到作为自然人的董事、监事、高级管理人员和其他直接责任人员的财力有限，故其不宜作为赔付主体；而由保荐人、承销的证券公司、发行人或上市公司的控股股东、实际控制人提供资金，对受损害的投资者予以先行赔付，则是较为可行的选择。特别是由发行人、上市公司的控股股东、实际控制人作为先行赔付的主体，更符合"责任自负"原则。《证券法》（一读稿）第173条规定投资者保护机构也可以作为先行赔付一方似有不妥。先行赔付在本质上是一种和解协议，涉案当事人作为协议的签署主体较为妥当。

（二）先行赔付基金管理人

基金管理人应坚持公益性、中立性的原则，独立开展专项补偿基金日常管理及运作，并聘请由法律、会计专家等组成的顾问团，对补偿方案及补偿工作中涉及的重要问题，进行充分研究论证。目前，基金管理人可以由依法设立的投资者保护机构担任，如中国证券投资者保护基金公司、中证中小投资者服务中心有限责任公司等。正如上文所述，投资者保护机构不宜履行先行赔付主体的职能，但基于证监会设立的投保机构的职能设计，其作为基金管理人切实履行投资者保护职能具有可行性。

（三）先行赔付主体代理权问题

证券法应当赋予先行赔付主体法定代理权，这是先行赔付制度正常实施的保障机制。先行赔付主体据此可以代理发行人、上市公司及其他连带责任方与投资者签署赔偿协议，包括赔偿比例、赔偿数额、诉讼管辖等。虽然代理权的授予是发行人、上市公司的私权力，但是，证券市场的稳定和公众投资者权益的维护具有公益性，在特殊情况下，赋予一定当事人法定代理权，也是可行的法律安排[1]。《证券法》（一读稿）第 173 条规定的先行赔付后，承担主体向其他责任主体追偿的权利似乎可以理解为已经赋予其法定代理权。

（四）先行赔付所形成债权的优先受偿问题

赔付主体在追偿时，如果上市公司或其他连带责任人破产，因先行赔付而形成的债权就转化为破产债权。如果该项债权与普通破产债权按同一个顺序清偿，将会对先行赔付责任人产生严重不公的结果。为降低先行赔付的法律风险，鼓励可能的连带责任人采取先行赔付措施，有必要确认先行赔付形成的债权在破产清偿中的优先次序。综合考虑各种因素，可以将先行赔付形成的破产债权的清偿次序，放在有担保债权和劳动债权的次序之后，而在其他普通破产债权之前。

---

[1] 陈洁：《证券市场先期赔付制度的引入及适用》，《法律适用》2015 年第 8 期。

参考文献

一、中文国书及其析出文献类

［1］顾功耘．经济法教程：第3版［M］．上海：上海人民出版社，2013．

［2］吴弘，胡伟．市场监管法论［M］．北京：北京大学出版社，2006．

［3］罗伯特·罗曼诺．公司法基础：第2版［M］．罗培新,译．北京：北京大学出版社，2013．

［4］黄红元，徐明．证券法苑：第13卷［M］．北京：法律出版社，2014．

［5］卢文道．证券交易所自律管理论［M］．北京：北京大学出版社，2008．

［6］赵立新，黄燕铭，等．构建以投资者需求为导向的上市公司信息披露体系［M］．北京：中国金融出版社，2013．

［7］谢清喜．我国上市公司信息披露的有效性研究［M］．北京：中国农业大学出版社，2006．

［8］胡静波．我国上市公司信息披露制度及其有效性研究［M］．北京：科学出版社，2012．

［9］赵威，孟翔．证券信息披露标准比较研究：以"重大性"为主要视角［M］．北京：中国政法大学出版社，2013．

［10］齐斌．证券市场信息披露法律监管［M］．北京：法律出版社，2000．

［11］孙燕东．基于投资者保护的会计信息披露问题研究［M］．上海：立信会计出版社，2009．

［12］张宗新．上市公司信息披露质量与投资者保护研究［M］．北京：中国金融出版社，2009．

［13］赵淼．中国创业板上市公司信息披露研究［M］．北京：社会科学文献出版社，2010．

［14］钟宏武，张旺，张蕙，等．中国上市公司非财务信息披露报告［M］．北京：社会科学文献出版社，2011．

［15］李忠．中国上市公司信息披露质量研究：理论与实证［M］．北京：经济科学出版社，2012．

［16］约翰·R.诺夫辛格．投资心理学：原书第5版［M］．郑磊，译．北京：机械工业出版社，2013．

［17］露西·F.阿科特，理查德·迪弗斯．行为金融：心理、决策和市场［M］．戴国强，等译．北京：机械工业出版社，2012．

［18］乔尔·塞里格曼．华尔街的变迁：证券交易委员会及现代公司融资制度演进：第3版［M］．徐雅萍，等译校．北京：中国财政经济出版社，2009．

［19］沈朝晖．证券法的权力分配［M］．北京：北京大学出版社，2016．

［20］欧姆瑞·本·沙哈尔，卡尔·E.施耐德．过犹不及：强制披露的失败［M］．陈晓芳，译．北京：法律出版社，2015．

［21］郑彧．我国证券市场信息披露制度的法律分析：以法律规范文义解释为基础的研究［M］//黄红元，徐明．证券法苑：第13卷．北京：法律出版社，2014：351-398．

［22］陈秧秧．选择性披露的管制与内幕交易法的演变：基于
美国《公平披露条例》的研究［M］//张育军，徐明．证券法苑：
第3卷上．北京：法律出版社，2010：768-797.

［23］徐聪．试论我国上市公司差异化信息披露制度之构建
［M］//张育军，徐明．证券法苑：第4卷．北京：法律出版社，
2011：328-349.

［24］张子学：完善我国大额持股披露制度的若干问题［M］
//蒋锋，卢文道．证券法苑：十周年精粹上．北京：法律出版社，
2019：26-69.

二、中文期刊析出文献类

［1］孙莉，黄方亮，韩旭，等．异质投资者对IPO信息披露
需求差异调查分析［J］．山东财经大学学报，2018（4）：55-64.

［2］邢会强．信息不对称的法律规制：民商法与经济法的视
角［J］．法制与社会发展，2013（2）：112-119.

［3］威廉姆·T.爱伦．公司法和公司治理初论：当代中国公
司法中新增勤勉信义义务的前景和问题展望［J］．黄婕，许世夺，
译．法律适用，2006（3）：35-40.

［4］朱慈蕴，林凯．公司制度趋同理论检视下的中国公司治
理评析［J］．法学研究，2013（5）：24-41.

［5］叶林．公司利益相关者的法学分析［J］．河北学刊，2006
（4）：165-170.

［6］道格拉斯·G.贝尔德．法经济学的展望与未来［J］．
吴晓露，译．史晋川，校．经济社会体制比较，2003（4）：83-
89.

［7］李树．法律背后的经济逻辑：法律的经济分析及其理论

表现［J］. 学术界，2011（8）：69-81+284-285.

　　［8］唐震斌. 有效市场理论与我国证券市场的有效性研究［J］. 河南金融管理干部学院学报，2006（3）：95-101.

　　［9］洪艳蓉.《证券法》债券规则的批判与重构［J］. 中国政法大学学报，2015（3）：60-74+158.

　　［10］朱孔来，李静静. 中国股票市场有效性的复合评价［J］. 数理统计与管理，2013（1）：145-154.

　　［11］陈岱松. 关于证券监管理念的法理分析［J］. 兰州学刊，（5）：124-128+141.

　　［12］葛家满，刘峰. 论企业财务报告的性质及其信息的基本特征［J］. 会计研究，2011（12）：3-8+96.

　　［13］刘燕. 验资报告的"虚假"与"真实"：法律界与会计界的对立：兼评最高人民法院法函〔1996〕56号［J］. 法学研究，1998（4）：91-103.

　　［14］廖凡. 鼓励与强制之间：美国证券法对前瞻性信息披露的规定［J］. 金融法苑，2003（3）：34-39.

　　［15］吕明瑜. 论上市公司信息公开的基本原则［J］. 中国法学，1998（1）：38-45.

　　［16］高西庆. 证券市场强制性信息披露制度的理论根据［J］. 证券市场导报，1996（10）：4-17.

　　［17］施天涛，李旭. 从"选择披露"到"公平披露"：对美国证券监管新规则的评介与思考［J］. 环球法律评论，2001（4）：488-493.

　　［18］朱谦. 上市公司突发环境事件信息披露的真实性探讨：以紫金矿业环境污染事件为例［J］. 法学评论，2012（6）：93-100.

［19］刘建勇，朱学义．信息披露及时性与可靠性关系实证研究［J］．中南财经政法大学学报，2008（6）：94-98+144.

［20］斯蒂文·I. 施瓦兹．对复杂交易中信息披露模式的重新思考［J］．高凌云，译．南京大学法律评论，2007（Z1）：158-173.

［21］王欣新，丁燕．论破产法上信息披露制度的构建与完善［J］．政治与法律，2012（2）：2-12.

［22］赵旭东．内幕交易民事责任的司法政策与导向［J］．法律适用，2013（6）：19-23.

［23］石一峰．违反信息披露义务责任中的交易因果关系认定［J］．政治与法律，2015（9）：85-97.

［24］陈洁．证券市场先期赔付制度的引入及适用［J］．法律适用，2015（8）：25-31.

［25］黄立新，陈宇，吴姬君，等．构建基于投资者需求的信息披露制度探讨［J］．证券市场导报，2014（7）：4-9+14.

［26］洪艳蓉.《证券法》债券规则的批判与重构［J］．中国政法大学学报，2015（3）：60-74+158.

［27］王惠芳．信息强制披露与自愿披露的重新界定与监管［J］．宏观经济研究，2010（12）：50-54.

［28］沈朝晖．我国的招股意向书为什么不是要约：来自首次公开发行实践的考察［J］．金融法苑，2008（4）：1-15.

［29］王啸．试析注册制改革：基于问题导向的思辨与探索［J］．证券市场导报，2013（12）：4-13.

［30］周剑龙．日本证券发行市场的法律规制：兼论中国证券发行制度的走向［J］．商事法论集，2010（ZI）：382-391.

［31］封文丽．IPO 注册制下上市公司信息披露制度优化［J］.

财会月刊，2015（16）：14-18.

［32］蒋训练，张德容．上市公司自愿性信息披露有关问题探析［J］．企业经济，2007（11）：153-155.

［33］张心惕．财务预测重大性之判断：兼论财务预测安全港制度［J］．台北大学法学论丛，2012（84）：185-230.

［34］林秀凤，郑雅如，林秉孝，等．自愿性环保资讯揭露对公司价值之影响［J］．东海管理评论，2013，15（1）：37-67.

［35］陈雪如，林琦珍，柯佳玲．自愿性资讯揭露对财务报导舞弊侦测之研究［J］．会计与公司治理，2009，6（2）：37-67.

［36］胥爱琦，李春安，刘淑琴．自愿性盈余预测发布与公司策略因应［J］．证券市场发展，2011，23（3）：39-84.

［37］林凤仪，苏信安．自愿性信息揭露与强制性信息揭露之盈余管理［J］．管理学报，2011，28（4）：345-359.

［38］黄劭彦，钟宇轩．强制性与自愿性财务预测制度下外部监理机制与财务盈余预测精准度之关联性［J］．证券市场发展，2012，24（3）：1-46.

［39］颜信辉，陈慧玲．自愿性与强制性财务预测资讯内涵之比较［J］．淡江人文社会学刊，2011（48）：74-139.

［40］郭建军．注册制下上市公司信息披露制度的价值取向与实现［J］．河北法学，2015（9）：182-190.

［41］杨树明，杨联明．信息强制披露对公司管理的促进作用［J］．法学杂志2002（4）：7-9.

［42］范婷婷，赵旭．强制性信息披露规则产生动因的法经济学分析：兼论强制性信息披露的限度［J］．河南司法警官职业学院学报，2006（3）：78-81.

［43］吴秀尧．上市公司强制信息披露及监管措施：基于行为

法经济学视角 [J]. 财经理论与实践, 2014 (3): 135-139.

[44] 李冀, 杨忠孝. 政府干预在证券市场强制信息披露中的边界 [J]. 南方金融, 2017 (2): 49-56.

[45] 曲冬梅. 环境信息披露中的矛盾与选择 [J]. 法学杂志, 2005 (6): 69-71.

[46] 汪翠荣, 马传刚. 上市公司实际控制人信息披露问题研究 [J]. 证券市场导报, 2006 (8): 35-40.

[47] 梁清华. 论我国私募信息披露制度的完善 [J]. 中国法学, 2014 (5): 149-159.

[48] 李有星, 冯泽良. 论重大资产重组信息披露制度的完善 [J]. 浙江大学学报 (人文社会科学版), 2015 (3): 47-55.

[49] 张春丽. 信贷资产证券化信息披露的法律进路 [J]. 法学, 2015 (2): 111-121.

[50] 邱永红. 特殊机构投资者和证券创新产品: 持股变动的信息披露和交易限制问题研究 [J]. 证券市场导报, 2015 (1): 71-78.

[51] 李光禄, 段鹿杰. 实然与应然: 页岩气开发压裂液信息披露的法律策略 [J]. 法学论坛, 2016 (4): 96-103.

[52] 傅穹, 杨硕. 股权众筹信息披露制度悖论下的投资者保护路径构建 [J]. 社会科学研究, 2016 (2): 77-83.

[53] 黄韬, 乐清月. 我国上市公司环境信息披露规则研究: 企业社会责任法律化的视角 [J]. 法律科学 (西北政法大学学报), 2017 (2): 120-132.

[54] 李贺. 非公开发行股权交易市场信息披露规则探讨 [J]. 证券市场导报, 2017 (2): 72-78.

[55] 巫文勇. 证券发行中会计信息披露不实的民事责任 [J].

江西财经大学学报，2005（2）：78-80.

［56］唐炳洪，虞峰．信息披露不实民事责任的因果关系刍议［J］．浙江工商大学学报，2005（3）：23-27.

［57］王培新．信息披露中会计师事务所侵权责任因果关系的判定［J］．财务与会计，2008（17）：46.

［58］甘培忠，周淳．上市公司定期报告信息披露违法董事责任认定研究［J］．北方法学，2012（3）：65-75.

［59］黄勇．资产证券化信息披露不实陈述之法律责任研究［J］．湖北社会科学，2014（12）：155-159.

［60］南玉梅．债券交易人卖者责任探析：以信息披露义务与诚信义务为核心［J］．中国政法大学学报，2017（1）：76-87+160.

［61］武俊桥．论证券信息披露简明性规则：以网络时代为背景［J］．证券市场导报，2011（11）：19-26.

［62］王从容，李宁．法学视角下的证券市场信息披露制度若干问题的分析［J］．金融研究，2009（3）：178-190.

三、英文论著、报告类

CHARLOTTE VILLIERS. Corporate reporting and company law［M］. Cambridge：Cambridge University Press，2006.

四、英文期刊析出文献类

［1］JONATHAN BARRON BASKIN，The development of corporate financial markets in Britain and the United States，1600—1914：overcoming asymmetric information［J］．Buisiness history review，1988：199-237.

［2］LAWRENCE A. HAMERMESH，Calling off the lynch mob：

the corporate director's fiduciary disclosure duty [J] . Social science hectronic publishing, 2009, 49 (5) .

[3] EDWARD ROSS ARANOW, HERBERT A. EINHORN. Proxy regulation : suggested improvements [J] . 28 Geo. Wash. I. Rev, 1959, 28 (1) : 306–318.

[4] JOEL SELIGMAN. The historical need for a mandatory corporate disclosure system [J]. Journal of corporation law, 1983, 9(1).

[5] TROY A. PAREDES. Blinded by the light : information overload and its consequences for securities regulation [J] . Ssrn electronic journal, 2003, 81 (417) .

[6] HARRY S, GERLA. Issuers raising capital directly from investors : what disclosure does rule 10b–5 require? [J] . Journal of corporation law, 2002, 28 (1) : 111.

[7] MILTON H. COHEN. Truth in securities revisited [J] . Harvard law review, 1996 (79) : 1340–1408.

[8] ANDREW B. SCHATZ. Regulating greenhouse gases by mandatory information disclosure [J] . Virginia environ law journal, 2008 (26) : 335–393.

[9] GARY K, MEEK, CLARE B, et al. Factors influencing voluntary annual report disclosures by U.S., U.K. and continental european multinational corporation [J] . Journal of international business studies, 1995, 26 (3) : 555–572.

后　记

　　一直以来，上市公司信息披露的法律规制既是一个老问题，也是一个新问题。就我国目前证券监管而言，新就新在如何以投资者导向为视角全面检讨分析并逐步完善现行信息披露制度，这既是落实新"国九条"等两个规范性文件的具体措施，也是建立有效证券市场的内在需求。从《证券法》（二读稿）的公开报道来看，进一步强化保护投资者利益，特别是建立投资者导向的信息披露制度已经得到立法确认，这为今后的理论研究和实务改进奠定了坚实的立法基础。

　　为全面评估和健全完善我国的信息披露制度，本书从基础理论、制度框架和具体制度等层面予以系统分析。所依据的各法律法规、部门规章等的修订时间截至 2018 年。基础理论的探讨，试图回答信息披露制度为何必须以投资者为导向，与利益相关者之间的关系如何处理等问题；制度框架的探讨，试图建立一个信息披露制度的宏观分析思路；具体制度的探讨，则首先从探究强制性和自愿性信息披露制度的修订完善开始，其次为保证信息披露的顺利实施，探讨了信息披露监管权配置和民事权利救济的新途径等问题。主要结论如下。

　　一是信息披露制度以投资者为导向的法理基础在于信义义务和效率价值。投资者的主体身份经历了由债权人到股东，再到投资者（金融消费者）的转变；相应的规制法律经历了合同法框架下反欺诈原则到公司法项下有限的信义义务类推适用，再到证券法项下法定义务的转变。其中，信义义务的核心问题在于，如何从传统的忠实义务和勤勉义务推导出董事的信息披露义务；效率价值的核心问题在于，如何更好地提供满足投资者需求的信息，以建立更加有效的证券市场。

　　二是建立了一个投资者导向的信息披露制度宏观分析框架。在披露原则方面，真实、准确、完整、及时与公平的披露要求之间存在冲突，适用时应当着眼于每一具体的信息类型以某一原则为主，兼顾其他原则，以实现最大程度的协调。在信息披露法律关系方面，应当突出中小投资者的权利地位、向信息优势主体施加更高的披露义务。同时，鉴于重大性标准发展过程中内涵逐渐丰富，信息披露内容总体而言应当界定为关于公司的基本面和市场交易类信息。

　　三是应当界定合理的强制性信息披露制度的干预边界。强制性信息制度的内容应当聚焦于管理层决策视角的信息，而且实行标准化披露、简明规则、软硬信息合理配置。为此，招股说明书要兼顾法律文件和销售文件的属性，且当前应更突出后者；年度报告作为集合性信息载体，应突出增量信息、非财务信息和前瞻性信息；临时披露应更加突出及时性、重大性要求，以在保护投资者和维护市场效率之间取得平衡。

　　四是应当准确界定自愿性信息披露制度的披露定位。自愿性信息披露监管具有正当性基础，作为信息披露制度的有机组成部分，应当受制于信息披露制度的总体规范要求。其核心问题在于界定其披露定位，聚焦于管理层决策视角的信息且能够增进上市公司对强制披露的理解。特别是在实施过程中，应着力关注强制披露对自愿披露的制约因素，在对两者互动关系深入理解的基础上进行自愿披露的规制。为此，自愿性信息披露应当符合"认定"的重大性标准，应当对于前瞻性信息予以更新等。

五是信息披露监管权应当合理配置，证监会的公益性机构应当提供更多的救济途径。行政监管侧重信息的真实性，主要是为了维护市场的整体秩序；自律监管侧重信息的及时性和公平等，主要是为了引导市场主体披露更多有效信息。鉴于民事诉讼在虚假陈述赔付方面的局限性，我国目前应当着力发挥公益性机构的作用，为投资者提供更多的权利救济新途径，建立、完善虚假陈述调解制度、虚假陈述先行赔付制度等。

尽管笔者始终以认真的态度进行研究和思考，但出于理论功底较差等原因，本书依然存在很多不足：确定披露内容时调研不足，同时对会计学、行为金融学等的研究成果借鉴不够；自愿性信息披露制度的运作机理、激励机制等方面未予深入研究；以中小投资者为主和以机构投资者为主的证券市场，其信息披露制度的异同到底为何，未予系统研究等。上述不足亦将是笔者今后继续学习和努力的方向。